考拉旅行 乐游全球

说走就走的旅行 有我，就是这么简单！ 一书在手，畅游无忧

TAIWAN GUIDE

畅游台湾就这本超棒！

总策划 黄金山

《畅游台湾》编辑部 编著

華夏出版社

HUAXIA PUBLISHING HOUSE

畅游台湾 TAIWAN

目录 CONTENTS

6 台北忠孝东路 070

7 台北101大楼 078

14 日月潭 142

15 鹿港 156

16 阿里山 162

19 台湾其他 198

索引 212

出游需要个好帮手

《畅游世界》系列图书即将付梓，编者嘱我写序。我曾经从事旅游出版工作十余年，对旅游图书有些感觉，在这里谈一点感言，权作交差吧。

人生数十载，不外乎上学、工作、生活三部分内容。上学和工作乐趣不多，压力不少；只有生活（上学和工作之外）能够品尝出些许味道。而这其中，最有意思、最令人向往、最能给人带来欢乐与回味的生活方式便是旅游，尤其对于当今生活节奏快、成本高，工作压力大、收入低，人口密度高、服务差，整天像牛马一样机械地干活的都市人来说，旅游是一副综合的良药，虽不能说包治百病，却是良效多多。记得哲人歌德说过："大自然是一部伟大的书。"而旅游就是阅读这部大书最为轻松愉悦的方式。一次短暂的旅游，可以使心灵得到长时间的安宁与抚慰；一次遥远的旅游，可以领悟人生的坎坷，体验生命的精彩；一次艰辛的旅游，留下的是难忘的记忆；一次快乐的旅游，带来的更是值得珍藏的财富。总之，旅游陶冶人的情操，愉悦人的身心，给人的生活带来无尽的希望与力量。

一次成功的旅游，需要做好三个阶段的工作：行前准备、途中指引、归来总结，而一本好的旅游指南书都能帮您搞定。虽然说现今的网络发达时代，利用各种固定的、移动的电子设备，可以查询相关旅游信息，方便快捷，但我对这些东西其实并不感冒，起码目前是这样，因为网上的信息东拼西凑、复制粘贴的太多，新兴的数字出版领域从行规建设、人员素质、质量控制等等诸多方面，要比已经发展了近百年的传统纸质图书行业稀松得多，可信度自然也就大打了折扣。数字出版物要想俘住广大读者的心，还有很长的路要走。所以，我建议出游的人们目前携带一本精要实用的纸质旅游指南书，还是明智的选择。

书店的旅游指南销售柜台已经摆满了花花绿绿的多家产品，各有优劣，读者尽可随意挑选。如果要我做个推荐，我自然要首推华夏出版社的“华夏行者——《畅游世界》”系列。这是一套为旅游爱好者量身定制的旅游指南书，通篇贯穿着一个宗旨，那就是让旅游者“畅”，食住行游购娱一路顺畅，惊喜快乐。书中对目的地的地理、气候、人文、区划、交通等作了详尽的介绍，还对当地的旅游热点、风味美食、平民餐馆、伴手好礼以及购物佳地等都进行了精选归纳和说明，最重要的还是本书精心设计的几天几夜游，它对于那些没时间计划或不会计划的忙人或懒人来说，很是管用，让您无需计划，拎起本书即可坦然上路。至于它是否具备优秀旅游指南的各项要素，诸如全面性、准确性、实用性、针对性、时效性、美观性等等，我便不再废话，说多了有“王婆卖瓜，自卖自夸”嫌疑，读者用过了，自然便有了答案。

仁者乐山，智者乐水。对于热爱生活的人们来说，旅游的步伐，从来都是风雨无阻，愿携带《畅游台湾》出行的人们，畅来畅往，快乐安康。

华夏出版社社长、总编辑

LOOK!台湾!

1 概况

台湾自古以来就是中国神圣领土的一部分，素有祖国宝岛之称，清代台湾正式建省，其首府台北市内高楼大厦林立，是一座繁华热闹的现代大都市。台湾岛上自然风光秀美如画，气势磅礴的太鲁阁峡谷、林木繁茂的阿里山和宛如一颗璀璨明珠般的日月潭更是台湾的象征，湖光山色的美景令人赞叹不已。

2 地理

台湾四面环海，全岛面积35915平方公里，是中国第一大岛。台湾岛地形东高西低，山脉纵贯岛屿，有五大山脉、四大平原、三大盆地。纵贯南北的中央山脉——玉山海拔3952米，是台湾第一高峰。

3 气候

台湾北部为亚热带气候，南部属热带气候，同时又有局部呈热带、亚热带、温带、寒带等多种气候特征，台湾年平均气温为22℃，全岛气候冬季温暖，夏季炎热，雨量充沛，夏秋多台风和暴雨。

4 区划

台湾省辖台北、新北、台中、台南和高雄5个直辖市，以及桃园、新竹、苗栗、彰化、南投、云林、嘉义、屏东、宜兰、花莲、台东、澎湖、金门、连江14个县。

5 人口

台湾全省共有人口约2300万。

台湾面孔！

NO.1 现代都市

台北是台湾人口最多的城市，也是一座国际化的现代大都市，市内高层建筑鳞次栉比，其中台北101大楼是这里的标志性建筑，这座高508米的大楼曾经是世界第一高楼，也是台北向世人展现其建筑实力的象征。同时这里也有很多大型的购物商场和繁华商圈，来自世界各地的名牌商品在这里汇集，台北人不用走多远就可以买到自己想要的东西。

NO.2 夜市

夜市是台湾各地的一大景观，每个大城市都有很多知名的夜市。一到晚上，每条大街上都会亮起诱人的灯光，一块块灯光招牌将四下里照射得如同白昼一般。其中台北的夜市在全台湾是最多的，素有“十大夜市”之称。这里集吃喝、玩乐、穿戴、用度等多方面于一身，人们在这里能购买到日常所需的各种生活用品。

NO.3 台湾美食

台湾每个城市都有自己引以为豪的特色美食，而且这些美食大多数都是由一家店最先发明和创新，然后传播到台湾各地的。这里的菜式融闽粤菜系的特色于一体，自成一派。台北的碧溪潭香鱼、基隆的豆签羹、桃园的砂锅鱼头、台中的原汁牛肉、新竹的贡丸、嘉义的四臣汤、台南的棺材板、高雄的海鲜都是响当当的台湾名菜。

NO.4 阿里山

阿里山是台湾最著名的一座山峰，经常被认为是台湾人坚韧不拔精神的象征。有歌唱道“阿里山的姑娘美如水呀，阿里山的少年壮如山”，可见这座大山的壮美挺拔。阿里山也以其丰富的林木资源而被人熟知，这里拥有从亚热带阔叶林到寒带针叶林的各种树种，远远望去，整座山就好像被绿色的帷幕覆盖了一般。千年树龄的桧木群更是这里引以为豪的宝库。山间流水潺潺，林木之间动物来往穿梭，这里生活着数百种野生动物，其中不乏台湾特有的珍稀动物。而高山铁路、森林、云海、日出及晚霞，更号称“阿里山五奇”。

NO.5 日月潭

日月潭是台湾全岛上唯一的天然湖，好像一颗璀璨夺目的宝石镶嵌在这片大地上。在湖中心有一座小岛叫做光华岛，它将整个湖面一分为二，北半边圆满如日，南半边弯弯如月，日月潭的称号即由此而来。每当夕阳西斜，明月初升之时，日光月影全都倒映在日月形的湖水之中，相映成趣，更是富有诗情画意。

NO.6 台湾音乐

台湾音乐对内地流行音乐的发展有着很重要的影响。20世纪六七十年代，邓丽君的出现使世界开始正视台湾的流行音乐。台湾音乐在吸收了欧亚各种流行音乐特色的同时也融入自己的传统民歌风格，歌词朗朗上口，曲调悠扬婉转，作品更加简单平实。到了80年代，小虎队等一批新生代歌手的诞生更影响了一代年轻人。如今的台湾流行乐坛依然走在亚洲的前列，每年都有实力派歌手崛起，而出色的作词家和作曲家也正是台湾音乐长盛不衰的关键所在。

NO.7 台湾电影

数年前一部《海角七号》让人们重新开始关注台湾的本土电影。事实上台湾电影源远流长，早在日据时期就已经开始了电影的拍摄和制作。到了20世纪80年代，随着李安、侯孝贤、杨德昌等一批台湾本土导演的异军突起，台湾电影开始走向世界，在国际知名影展上屡获佳绩。近年来台湾电影继《海角七号》后，《艋舺》等新片应运而生，依然保持了很高的票房。

NO.8 台湾图书

在很多喜欢书的人群中、台版书以其装帧精美、制作精良而广受欢迎。尤其是一些引进的翻译作品，台版书更是拥有一些不可比拟的优势。近年来，台湾杂志也开始在大陆出现，一下子就将台版书籍的受众扩大了不少。如今随着两岸的交流进一步加深，台版图书也越来越多地出现在我们的生活中，丰富着我们的文化生活。

NO.9 台湾小镇

在台湾除了有现代化的大城市外，更多的还是一些保持了传统生活习惯的小镇。这些小镇通常只有数千人的规模，但是大家都生活在一个充满了田园风情的小圈子里，虽然街道和房屋都很陈旧，但是从中透出的那种怀旧和传统的感觉却是在别处看不到的。九份、淡水、三峡、莺歌等小镇各具特色，这里保持了台湾很多旧有的民俗习惯，有很多历史遗迹，是品味老台湾风貌的绝佳去处。

NO.10 温泉

台湾全岛都位于太平洋火山地震带上，因此地质活动频繁，岛上蕴藏着丰富的温泉资源，全台有120多个温泉区，大多集中在大雪山山脉和北部的火山岩区。台湾对温泉的开发历史可以追溯到清代，现今所留下的温泉区大多都是起始于日据时期。现在的温泉经营大多结合了养生、热疗、美容甚至宾馆的多样化经营模式，与日本温泉的经营方式大不相同。除了沐浴外，还提供水疗、SPA等多种服务。

TIPS!台湾!

1 如何办理赴台旅游观光

中国大陆公民赴台湾省旅游需要办理《大陆居民往来台湾通行证》和《入台观光证》。目前全国所有省市的居民都可以赴台旅游。游客需凭借旅行社出具的全额收费票据，到户口所在地公安局出入境管理处办理，具体办理手续如下：

赴台观光旅游	
申请资格	全国所有省市的民众均可以赴台观光旅游，其中，北京、上海、厦门等47个城市已开通台湾自由行。
自由行	一、26个试点城市申请台湾个人游的市民，必须具有本市户籍。 二、20岁以上的成年人，需要提供不动产、存款或信用卡额度等财力证明（满足以下其一即可：① 房产证；②4.5万元以上的存款证明；③12.3万元以上的年薪证明）；18岁以上的在读大学生，不必提供财力证明。 三、在台湾停留时间不得超过15天。
所需证件	1.《大陆居民往来台湾地区申请表》一份，在旅行社领取 2. 户口簿原件及复印件4份 3. 身份证原件及复印件4份 4. 正面免冠2寸彩色近照6张 5. 在职人员需提供任职半年以上《在职证明信》，学生则须提供学生证复印件或是在校证明和请假证明原件 6. 如不能提供在职证明，需提供在银行存款5万元以上证明 7. 若夫妻同去，则需提供结婚证复印件
签注种类	签注种类分为：D—定居，J—居留，T—探亲，L—旅游，Q—其他，访友、接受和处理财产、处理婚丧事宜、诉讼等私人事务，Y—应邀，持国务院台办“赴台批件”赴台进行经济、文化、科技、体育、学术、合作研究等交流活动或者参加会议、进行两岸事务性商谈、采访等，C—执行两岸直航航运任务的人员，F—持国务院台办经济局“关于应邀往来台湾立项批复”赴台进行经贸、交流活动，G—旅游一个人旅游，可签发6个月有效一次前往台湾签注（限已开通台湾自由行城市的居民）。
所需费用	证件费用30元，加注每项次20元，大陆居民往来台湾省一次有效签注，每件20元；多次有效签注，每件100元。
领取证件	申请受理后，按照回执上标明的取证日期到指定部门领取证件。领取时应携带本人户口簿、居民身份证和回执，并在交付证件（签注）费用后取证。取证后一定要认真核对证件及签注的各项内容，以免出现差错。
注意事项	1. 跟团赴台旅游必须选择本市有经营赴台旅游业务资格的旅行社组团前往，办理手续时还须出具有本人姓名的旅游费用发票原件、复印件等证明材料。 2. 赴台旅游签注是上面注明了“L（旅游）”字头，3个月有效一次前往台湾省的旅游签注，即旅客需要在签注签发之日起3个月内前往台湾旅游，而且仅能够凭此次签注在3个月内赴台旅游一次，过期作废；如果想再次前往台湾省旅游，需要另行申请旅游签注。
*上述介绍仅供参考，具体申请手续以当地有关部门公布的规定为准。	

赴台方式

游客在办理好通行证、观光证并取得签注以后，就可以自由进入台湾了。目前旅客出入台湾的方式主要有两种，一是乘坐飞机直接到达台湾；二是先到达福建厦门，之后乘船至金门，再乘飞机飞往台北。其中，福建沿海与金门、马祖地区直接往来，航班天天有，流量大，行程安排灵活，受到许多旅行者的青睐。

相关手续

出发时一般会有旅行社的领队告诉大家入台的简要程序，不过基本上每个口岸的出入境手续都是相同的。新鲜蔬果和腌制鱼肉类是禁止带入的，携带现金也不能超过2万元人民币，或折合5000美元，或价值2万美元的黄金。行李物品的总价值不能超越免税限额2万元新台币，烟酒免税限量（烟200支或雪茄25支或烟丝1磅，酒1升），旅行支票不在此限制之内。

具体程序

1.据实申报所携带行李物品，通过海关，进行安全检查。2.进行卫生检疫。3.出示各种证件、护照，并将边防检查出境登记卡交给边防人员检查。

入境手续一般包括：

1.出示通行证、观光证和旅游签证。2.将填写好的旅客入境申报表交给工作人员检查。

在台湾，要注意这些！	
天气	台湾四面环海，属于亚热带海洋性气候。受到海洋性季风的调节，台湾终年气候宜人，湿润多雨，冬无严寒，夏无酷热。岛上树木葱茏，百花芬芳，年平均气温除高山地区外为22℃左右。4月到11月是夏季，平均气温在28℃左右；12月到翌年3月是“凉爽”的冬季，即便在最冷的2月，平均气温也在20℃左右。每年6月至10月是台风季节，其中以7月至9月台风次数最为频繁，因此旅游最好避开这段时间。
货币	台湾使用新台币，新台币纸币面额为100元、500元、1000元，硬币面额为1元、5元、10元、50元。台湾大大小小的银行非常多，口碑较好的是台湾银行、星光银行等。游客可以在这里兑换新台币。另外，岛内有些风景区、饭店也接受人民币。
通讯	全球通到台湾可以漫游，费用不是很贵，也可以发短信，但是神州行的就不行。公用电话或酒店的电话都可直拨，其使用方法为:002+中国国际代号86+地区代号+电话号码。一般而言，酒店的电话费用较高。
饭店设备	大部分酒店为了环保，一般不提供牙刷、牙膏、拖鞋之类的一次性用品，因此需要自备。冰箱内的饮料和食品是需要付费的，取用后在退房时需向柜台结账。这里的生水不能饮用，酒店或餐厅都有茶水供应，也可以在便利商店购买矿泉水。部分旅馆的电视设有收费频道，如果观看了也要在退房时一并付费结账。另外，台湾的电压是110伏，给手机、照相机电池充电时一定要使用电源转换器。
交通	台湾的交通比较发达，铁路公路网遍布全台，既快捷又方便。火车有特快列车及“通勤电车”、“普通列车”等5种，所有的特别列车都有空调，对号入座，其余列车有空位自由入座。台北至高雄约需4小时10分钟，台北至台东约需5小时50分钟。台北捷运连接台北市与新北市各地，营运时间一般为每天6:00～24:00，3～15分钟1班车。价格为新台币20元起步，按站点多少来收费。
常用电话	观光旅游服务咨询热线：0800-011-765　中文查号台：104　国际台：100 火警、救护车、消防：119　英语查号台：106　报案：110

GO!台湾交通！

1 飞机

台湾省的台北桃园机场每天有直达全球主要国家和地区的航班，海峡两岸包机以台北桃园机场为主。此外，部分大陆城市、香港和东南亚航班可直航高雄机场。

2 海运

台湾省内的基隆、高雄、花莲为客轮停靠的主要大型国际海港，此外，金门的水头商港与厦门和平码头间也有定期航线。

3 火车

全台湾铁路总长4500多公里，分为东、西两线，西线包括纵贯铁路及支线，东线主要由台东线和新修筑的北回铁路组成。

4 高速铁路

2007年1月正式投入使用的台湾高速铁路全长345公里，以台北火车站为起点，经板桥、桃园、新竹、台中、嘉义、台南至高雄、左营共8个车站。

5 环岛之星

台铁推出的顶级环岛观光列车——环岛之星从台北出发，分顺时针和逆时针方向行驶，拥有可媲美飞机头等舱的舒适座位、五星级饭店餐饮服务、360度旋转豪华座椅、超大观景车窗以及KTV娱乐车厢。

6 地铁

台北地铁分为木栅线、新店线、板南线、中和线、小南线、小南门线和淡水线，运营时间为每天6:00—24:00。台北地铁采取分段计价，其中最短区间费用为20新台币。

7 公共汽车

台北公共汽车线路多达300条，分4个等级，另外还有11条假日公共汽车行驶线路及18条小型公共汽车线路。台北公共汽车票价为15新台币，如果在1小时内从捷运转乘公共汽车，还可以再优惠8新台币。

8 出租车

台北的出租车车身涂成黄色，每辆限乘4人，最低收费为70新台币/1.5公里，之后每300米加收5新台币，23:00—次日6:00另加收20%的费用。

速报！10大人气好玩旅游热地！

NO.1 台北故宫博物院

台北故宫博物院于1966年开始对外开放。这里的藏品囊括了清代北京故宫、沈阳故宫和原热河行宫的精华，以及海内外各界人士捐赠的精品，共分14大类70多万件。诸多文物中，翠玉白菜和肉形石是这里的镇馆之宝。

NO.2 101大楼

位于台北信义区的台北101大楼有101层，在阿联酋哈利法塔诞生前一直都是世界上最高的大楼。为了避免因大楼过高而在大风中发生摇晃的情况，101大楼特别采用了世界首创的增加阻尼器的办法来解决这一问题。在大楼89层的观景台，可以遍览台北市内的无限风光。

NO.3 西门町

西门町是日据时期对位于台北西门附近区域的称呼，是当时日本人根据东京最繁华的浅草地区建设起来的，如今这里已经成为台北最主要的旅游购物步行街区。除了购物外，这里还拥有十多家电影院，形成了一条电影街，以及能与东京原宿相比的时尚商店，汇集了很多来自日本的书籍、漫画等，堪称哈日一族的天堂。

NO.4 士林夜市

士林夜市是台北最值得称道的十大夜市之一。士林夜市分为两个部分，分别以慈诚宫和阳明戏院为中心。位于慈诚宫的夜市主要以各种小吃为主，从牛排、铁板烧到蚵仔煎、广东粥、生炒花枝等应有尽有，游人可以在这里一家挨一家地大饱口福。

NO.5 北投温泉

北投早在日据时期就以大量的温泉旅馆和浴场闻名全台，过去100多年里一直都是台湾知名的温泉乡。这里的泉水主要分为两种：一种翠绿如玉，称为“青磺”；一种洁白如雪，称为“白磺”。这两种泉水中都含有微量的镭元素，因此对关节炎、皮肤病、肌肉酸痛等症状有极好的疗效。

NO.6 日月潭

日月潭是台湾最著名的景点之一，面积9平方公里的日月潭是台湾最大的天然湖泊。清人曾作霖说它是“山中有水水中山，山自凌空水自闲”。除了可以泛舟水上外，在潭四周还有不少自然人文景观，涵碧楼、慈恩塔、玄奘寺、文武庙、德化社、山地文化村及孔雀园都是很有内涵的景点。

NO.7 阿里山

阿里山在台湾人的心目中非同一般，有很多民歌都是歌颂这座大山的。阿里山景色优美，尤以高山铁路、森林、云海、日出及晚霞这五奇为最。由于这里森林茂密气候凉爽，在湿度较大的情况下就会形成大范围的云海，届时云蒸霞蔚，好似身处仙境一般。

NO.8 太鲁阁

太鲁阁位于台湾东部，横跨台湾东西的中横公路从这里穿过。公园里保留了很多高山峡谷和断崖地貌，多条溪流将这里分割成多个部分，尤其以中横公路沿线及立雾溪流域的绝壁断崖地貌最为奇妙幽深。由于这里地势险峻，人迹罕至，所以原始植被保存良好，拥有大范围的原始森林。

NO.9 鹿港古镇

早在明代，鹿港就是连接大陆和台湾岛的一个重要门户，自古就被称作“小泉州”。这里还有明朝时期修建的台湾第一座寺庙——龙山寺。同时鹿港还是全台湾传统工艺继承最多的地方，各种在台湾别处早已消失的传统手艺在这里都可以看到。

NO.10 垦丁公园

垦丁公园位于台湾最南部的恒春半岛的最南端，以其独特的气候特点和地理条件造就了一处自成一派的风光。同时这里也是全台湾唯一将海域划归在内的公园。无论是享受森林浴还是观赏多变的海湾风光，或是体验海岸休闲的乐趣，垦丁公园都是游客最佳的选择。

F 美食！10大人气魅力平民餐馆！

1 餐馆 欣叶餐厅

欣叶餐厅是一家老字号的饭店，用餐环境良好，以贝蒸墨鱼丸和台式奄列最为出名，品尝美食之余还能感受到独特的台湾饮食文化。

2 餐馆 鼎泰丰

鼎泰丰在台北无人不知，被《纽约时报》评选为世界十大美食餐厅之一，可谓台湾省小吃界的佼佼者。

3 餐馆 永康街高记

永康街高记是一家老字号的小吃店，这里出售的小笼包口感上佳，味道极为正宗，是台北的名品。

餐馆

4 秀兰小吃

秀兰小吃是台湾最著名的连锁小吃店之一，以江浙风味的菜肴为主打产品，可品尝红葱烤排、红烧马头鱼、青椒塞肉、八宝鸭等菜品。

餐馆

5 林东芳牛肉面

林东芳牛肉面诱人的面香味吸引着每一个路过的人，牛肉面里的牛肉都是在锅中经过长时间的炖煮，又软又嫩，非常鲜美。

餐馆

6 京鼎楼

京鼎楼是台湾的小笼包名店。这里的小笼包皮薄馅足，汁水充分。除了普通的肉馅小笼包外，这里还开发了加入芋头的小笼包。

餐馆

7 陶然亭餐厅

陶然亭餐厅是一家经营老北京饭菜的饭店，供应的菜式都是北京日常的菜肴，尤其烤鸭是从北京请来专业的大师傅制作的，从烤制到片皮都相当正宗。

8 餐馆 苏杭点心

苏杭点心店内各种甜点味道颇为不错，招牌菜是上海风味的小笼包。这里的小笼包色泽明亮，香气扑鼻，咬下去之后满口生津，味道鲜美。

10 餐馆 阿宗面线

阿宗面线是一家已经创办了30多年的台湾传统小吃店，主营福建米线，米线色黑条细，柔韧爽滑，用筷子挑起来都不会断。加上一些海鲜、猪肉、菇类等配菜，吃起来口感筋道有弹性。

9 餐馆 九如

九如主营江浙地方的美食，将江浙上海一带最有名的菜引进来，并针对台湾人的口味进行了改良，成为现在很受人们欢迎的名店。

6 带回家！特色伴手好礼！

1 纪念品 台湾糕点

台湾糕点业十分发达，除了凤梨酥等传统糕点外，还有日式、西式等外来货。各个经营者还绞尽脑汁不断创新开发，新品层出不穷。

2 纪念品 台湾酒

台湾酿酒业历史悠久，尤其以马祖高粱所酿造的高粱酒为代表，这种酒入口口味醇正，回味绵香悠长，而且包装精美古朴，是台湾人最喜欢的桌上常客。

3 纪念品 肉松、猪肉干、牛肉干

台湾的肉制品在业内享有盛誉，一向秉承着“少盐、少糖、少油”的健康策略，保存了猪肉、牛肉最天然的味道。

4 纪念品 台湾茶叶

台湾种茶至今已经有200多年历史，拥有冻顶乌龙、文山包种、铁观音、高山茶等多个品种。目前台湾茶以其香气浓郁、味道悠远而备受市场的追捧。

5 纪念品 黑桥香肠

黑桥香肠至今已经有30多年历史，形状比一般香肠要粗很多，特别适合台湾南部人的口味，逢年过节很多台湾人都会买上一些馈赠亲人。

纪念品

6 阿婆铁蛋

铁蛋是淡水地区著名的传统小吃，这种经过反复回锅的卤蛋色黑似铁，外皮坚韧有嚼劲，咸味适中，口味独特，因此为各地食客所推崇。

纪念品

7 乌鱼子

乌鱼子是台湾盛产的一种水产品，是用乌鱼的卵巢加工而成的。乌鱼子口感厚实、鲜嫩，是一种下酒的好菜，但不易保存。

纪念品

8 海产腌渍品

在台湾有很多经营海产腌渍品的店家。他们各有各的绝招，几乎每家都有自己独特的腌渍方法，因此各地的腌渍品口味各不相同，百花齐放。

纪念品

9 布袋戏布偶

布袋戏是台湾最知名的传统艺术，现今很多地方都有出售做工精美的布偶店。这些布偶衣着华美，雕工精细，都是手工制成，艺术价值和收藏价值极高。

纪念品

10 台湾书刊

台湾书刊现在越来越多地出现在人们的视野中，这些书籍装帧精美，印刷质量好，虽然价钱贵一些，但是极受那些喜爱收藏图书的人们的追捧。

超IN!台湾5天4夜!

DAY 1

白天 101大楼+国父纪念馆+中正纪念堂+二二八和平公园

台北101大楼高508米，是台北向世人展现其建筑实力的象征。国父纪念馆是为了纪念革命先行者孙中山先生而建的，保存有《国民政府建国大纲》和中华民国临时大总统印玺等珍贵文物。白墙蓝瓦的中正纪念堂是为了纪念蒋介石而修建的，是台北最大的纪念性建筑。二二八和平公园原名台北新公园，公园里除了位于中央的二二八纪念碑以及位于东南侧的二二八纪念馆外，还保留了很多台北各个时期的古迹和文物。

NIGHT 1

黄昏-晚间 夜市

台北拥有众多各具特色的夜市，华西街夜市是台湾第一个观光夜市。士林夜市则是台北最为著名的夜市，每到夜晚都会人流熙攘，灯影交织。

白天 日月潭

日月潭是台湾最著名的景点之一，湖中的拉鲁岛是邵族人的圣地，湖畔的伊达邵则是他们聚居的地方，在那里可以体会到台湾少数民族的淳朴风情并品尝天然美食。

黄昏-晚间 星月天空餐厅

星月天空餐厅是八卦山山脉的制高点，来到这里不但可以品尝到各种美食，还能俯瞰南投灯火辉煌的夜景。

白天 阿里山

阿里山是台湾最著名的山林风景区，这里风景优美，林木苍翠，乘坐景区内的旅游火车能游览崇山峻岭之间的美妙风景。阿里山步道是漫步的好地方，而祝山则是观阿里山日出、云海两大美景的绝佳地点。

NIGHT 3

黄昏-晚间 嘉义的文化路夜市

嘉义的文化路夜市是淘宝的好地方，在这里可以选购各种有趣的特色产品。嘉乐福夜市则是嘉义夜晚人声最为鼎沸的地方，在这里不但能品尝到各种美食，还有各种有趣的小游戏供人玩乐。

DAY 4

上午 垦丁公园

垦丁是台湾最著名的海景公园，也是唯一的热带风景区。这里既有丰富多彩的自然景观，也有各种奇异多姿的动植物。这里是欣赏森林美景以及石灰岩洞穴景观的好地方。此外，在这里还能瞭望巴士海峡的壮观景象。

NIGHT 4

黄昏-晚间 垦丁街

垦丁街是充满南洋风情的旅游街道，在这里可品尝到各种美食。

DAY 5 上午

高雄85大楼+“高雄之眼”+高雄愿景馆

高雄85大楼是高雄最高的建筑，可遥望一望无际的大海，同时还是观看夕阳的绝佳地点。“高雄之眼”是全台湾最早也是最大的海景摩天轮，它也是情侣们约会的首选地之一。由旧火车站改造而来的高雄愿景馆，可以纵览高雄近百年来的发展历程。

NIGHT 5

黄昏-晚间 起程踏上归途

TAIWAN GUIDE

Tai Wan

畅游台湾

1

台北车站

台北车站是台北市最重要的交通枢纽，车站周围是台湾最繁华的商业街区之一，有台北地下街、台北新世界购物中心、重庆南路书店街、博爱路相机街等热门购物场所。

01 北门

台北唯一的旧城门遗址

赏

TIPS

台湾省台北市忠孝西路和中华路交会处 乘捷运台北车站下 ★★★★

北门是台北迄今为止唯一还保存着的旧城门遗址。这座城门是典型的碉堡型城门，砖墙将内部空间完全包围住，只有中间留出门洞的位置。城上匾额书写着“承恩门”三个大字。城楼为重檐歇山顶式，飞檐翘角，形状优雅。

02 台北车站

台湾省的交通枢纽

台北车站是一栋十分宏伟的现代建筑，钢筋铁骨的身躯上的细节装饰部分又不乏中国传统建筑的特征，是一栋古今结合的华美楼宇。这里是台湾省最大的火车站，每天都是人潮涌动，来自四面八方的游客在这里汇集后，又各奔东西。

TIPS

台湾省台北市北平西路3号 乘捷运淡水线台北车站下 02-2371-3558 ★★★★

03 重庆南路书店街

台北的书店会聚之地

逛

台湾省台北市重庆南路 乘捷运台北车站下 ★★★★

重庆南路书店街是台北各种书店最为密集的地方，这里有着浓郁的文化氛围，空气中仿佛还飘荡着独特的墨香。来到这条街上不仅能看到时下流行的各种小说和图册，以及刚刚出版的各种报刊，还能在二手书店中购买到许多珍贵的绝版书籍。

04 博爱路相机街 逛

购买摄影、摄像器材的好地方

博爱路是台北著名的摄影器材一条街，这里店铺云集，在整个台湾省也是赫赫有名的。漫步在这条街道上可以看到许多老字号的店铺，里面出售的都是专业的照相器材，其中包括有不同价位的单反相机的机身和镜头，这些物品虽然价格不菲，但对发烧友来说，这完全不是问题。

TIPS

台湾省台北市博爱路 乘捷运台北车站下 ★★★★

05 站前地下街 逛

台北的淘宝圣地

TIPS

乘捷运台北车站台北地下街7号出口出站 ★★★★

站前地下街是火车站前的一条批发街，是台湾著名的商业街，以众多廉价的物品而闻名。这里最多的商品是各种饰品，来到这里选购物品的女性顾客和准备馈赠佳人的男性顾客总是络绎不绝。这条街道上的店铺还出售各种服饰、鞋袜和生活用品。值得注意的是，这里的商品鱼龙混杂，购买前需谨慎挑选。

06 二二八和平公园 赏

台湾省最早的现代公园

TIPS

台湾省台北市中正区凯达格兰大道3号 乘捷运淡水线在台大医院站下 02-2389-7228 ★★★★

建于1907年的二二八和平公园原名台北新公园，它是台湾少见的保存完好的日据时期所建的欧式风格公园。公园内景色优美，是一个休闲漫步的好地方，来到这里的人们可以感受到繁华都市中少见的绿色气息。二二八和平公园内景点众多，里面除了有日据时期的电台播音塔、铜牛老火车头外，还有台湾博物馆可供参观。

07 台北二二八纪念馆

从另一角度解读二二八事件的纪念馆

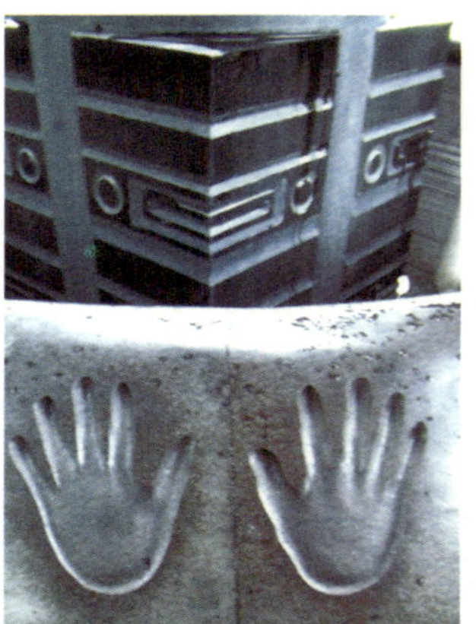

建于1997年的二二八纪念馆是一栋纪念那个特殊历史时期的纪念馆，里面的展物众多，从参与者的角度叙述了那个震惊中外的事件。这个展馆根据时间顺序，介绍了二二八事件爆发的部分缘由，以及双方制造的各种惨剧。

TIPS

台湾省台北市凯达格兰大道3号 乘捷运淡水线台大医院站1号出口出站登山达山顶 02-2389-7228 20新台币 ★★★★

08 台湾博物馆

历史悠久的博物馆

台湾省台北市中正区襄阳路2号 乘捷运台大医院站下 02-2382-2699 20新台币 ★★★★

台湾博物馆的主建筑是在日据时期建造的，直到台湾省光复后这里被确认为台湾的省博物馆。这个博物馆收藏的展品众多，各区的展品都是台湾省文物中的精华，既有见证历史的照片、文字资料，也有与台湾省地质情况息息相关的岩石样本和化石。

09 台湾故事馆

以怀旧为主题的展馆

台湾故事馆是亚洲最大的情景展馆之一，它精确地再现了20世纪四五十年代的台北风情，是一个了解台湾历史的好地方。走在古老的街道上，可以看到那些出售旧时商品的老字号店铺，颇有种时空穿梭的感觉。

TIPS

台湾省台北市中正区忠孝西路一段50号B2 乘捷运在台北车站4、5号出口出站 02-2388-7158 250新台币 ★★★★

10 国父史迹纪念馆

纪念孙中山先生的地方

台湾省台北市中山北路一段46号 乘捷运台北车站下 02-2381-3559 ★★★★

国父史迹纪念馆原本是一个普通的日式旅馆，因革命先行者孙中山先生曾在这里下榻过的缘故被辟为一个纪念其行迹的专门性展馆。该纪念馆的主体建筑是栋传统的日式木屋，整体氛围幽静典雅，室内的陈设都是按照当年孙中山先生居住时的状况而放置的。

11 “总统府”

台湾省的标志性建筑

位于凯达格兰大道上的“总统府”是台湾省最热门的景点之一，来到这里参观的各地游客络绎不绝。该建筑群是一组华美的文艺复兴式建筑，兼有日本明治时期建筑的特色，在日据时期就是台湾省的政治中心，见证了这个小岛的风雨变迁。

TIPS

台湾省台北市重庆南路一段122号 乘捷运至台大医院站下车，乘20、222、263、651至衡阳路口下车 02-2311-3731、02-2331-1604 ★★★★

12 台湾邮政台北邮局

欧洲风情的建筑

台北邮局是日据时期兴建的一座邮局，也是现今台湾邮政最大的分局。这是一幢平面呈梯形的类四合院建筑，高三层。入口处门廊突出呈拱形，并配有古典风格的门柱及装饰。外墙上除使用了洗石子，还专门用台湾出产的小瓷砖一片一片贴上去，形成了台湾俗称的“二丁挂”风格。内部大厅则是西式风格，欧洲风情的庭柱和吊顶让这里显得十分典雅。

台湾省台北市忠孝西路一段114号 乘捷运淡水线在台北车站下 02-2361-5752 ★★★★

13 丽华冰棒 

台北著名的冷饮

TIPS

台湾省台北市开封街一段57号 乘捷运台北车站地下街1号出口出站 02-2311-3989 ★★★★

丽华冰棒是台北火车站周边最著名的冷饮小吃之一，到了夏天，这里的顾客更是络绎不绝。这家店铺的冰棒有多种口味可供选择，奶油、柠檬、橙子等口味应有尽有，最出名的则是绿豆口味的冰棒。

14 台大医院 

古朴典雅的红砖建筑

TIPS

台湾省台北市常德街1号 乘捷运淡水线台大医院站2号出口出站 02-2312-3456 ★★★★

台大医院的主楼建于19世纪末，历经搬迁改建，直到20世纪才确定为现在的文艺复兴式建筑。这栋大楼的气势宏伟，主色调为红色，白色的色带点缀其间，颇为华美。正门前的古罗马式石柱简朴大方，是这里的一处标志性景观。

15 台北宾馆 

台北最著名的宾馆

历史悠久的台北宾馆是一组华美的巴洛克式建筑群，它也是台湾省政府招待各界贵宾的地方。这里环境清幽，四周被茂密的树林包围，是一个拥有休闲气息的地方。台北宾馆在历史上曾是日本侵略者在台湾的总督府，因而颇具历史价值，是台湾省著名的历史古迹景点。

TIPS

台湾省台北市凯达格兰大道1号 乘捷运淡水线在台大医院站下 02-2348-2999 ★★★★

16 台湾银行总行 赏

华美的巴洛克式建筑

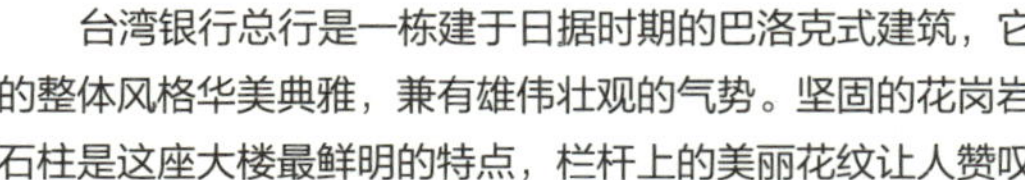

TIPS

台湾省台北市重庆南路一段120号 乘捷运淡水线台大医院站下 02-2349-3399 ★★★★

台湾银行总行是一栋建于日据时期的巴洛克式建筑，它的整体风格华美典雅，兼有雄伟壮观的气势。坚固的花岗岩石柱是这座大楼最鲜明的特点，栏杆上的美丽花纹让人赞叹不已。这里是台北著名的旅游景点，也是无数影视剧的重要外景地，因此常有热情的粉丝来到这里拍照留念。

17 “监察院” 赏

历史悠久的古迹

TIPS

台湾省台北市忠孝东路一段2号 乘捷运板南线善导寺站2号出口出站 02-2341-3183 ★★★★

“监察院”所在的大楼历史悠久，建于1915年，有着华美的外观，是台湾历史变迁的见证者。这座大楼融合了多种建筑风格，罗马式廊柱与拜占庭式圆顶相互呼应，给这里带来了几分典雅气息，法式长方形屋顶上开了多扇英式天窗，这在中国的建筑史上是较为罕见的。

18 欣叶餐厅 吃

台北饮食界的佼佼者

TIPS

台湾省台北市南京西路12号新光三越南京西路店8F 乘捷运淡水线中山站3号出口出站 02-2523-6757 ★★★★

欣叶餐厅是一家老字号的饭店，不但在台湾省内是大名鼎鼎，其名气甚至已经穿越海峡，在大陆也颇具影响力。这里的用餐环境极为良好，各种菜系的佳肴应有尽有，其中以贝蒸墨鱼丸和台式奄列最为出名。来到这里品尝美味的食客还能感受到独特的台湾饮食文化，因而这里备受外地游客的欢迎。

19 司法大厦 赏

融合了文艺复兴式与现代主义建筑风格的大楼

司法大厦是建于日据后期的一栋著名高楼，也是台湾建筑风格从文艺复兴式过渡到现代主义式那段时期的代表作。这栋大楼在保持主体风格华美的同时，又增添了简朴大方的气息，楼顶那高达31.8米的中央高塔屋则是同时代日本建筑的特征。

TIPS

台湾省台北市重庆南路一段124号 乘捷运淡水线台大医院站出站 02-2361-8577 ★★★★

20 济南教会 赏

台北少见的哥特式建筑

济南教会是台北著名的历史古迹景点，红色的砖墙是它最引人注目的地方。这个教堂气势雄伟，整体风格简朴大方，高高的塔楼是最适合拍照的景点，它的小尖顶已经成了这里的象征。来到教堂内部，可以看到柔和的阳光从五颜六色的窗户中照射进来，使这里渲染出一层神圣的氛围。

TIPS

台湾省台北市中山南路3号 乘捷运淡水线在台大医院站1号出口出站 ★★★★

21 城中市场 买

台北著名的购物街

城中市场是以商品琳琅满目、种类齐全而著称的，它价廉物美的特点闻名全台北。来到这里的人们可以尽情地选购，无论是衣服、香水、纪念品、电子产品、化妆品、糖果，甚至是食品和日用百货，都可以砍价购买。走在大街上，你可以一家家地逛过去，享受这独特的购物氛围。

TIPS

台湾省台北市武昌街一段22号　乘捷运淡水线台大医院站4号出口出站　★★★★

22 市长官邸艺文沙龙 赏

充满古老气息的艺术沙龙

TIPS

台湾省台北市徐州路46号　乘捷运板南线善导寺站出站

02-2396-9398　★★★★

市长官邸艺文沙龙是由日据时期的市长官邸改建而成的，是一个平心静气地欣赏各种艺术作品的好地方。这里环境清幽，四周茂密的植物将沙龙与繁闹的俗世巧妙地隔绝开来。该沙龙的主建筑具有独特的明治时期建筑的美感，其附近的园林景色宜人，各种设施都是精心布置而成的，更烘托出这里浓郁的艺术氛围。

TAIWAN GUIDE

Tai Wan

畅游台湾 2

台北罗斯福路

罗斯福路是台北知名的商圈之一，这一区域有众多高校、商店和餐厅等，主要客户群体也都是学生，因而形成了这里消费物美价廉的特点。

01 中正纪念堂 赏

台湾省的标志性景点之一

TIPS

台湾省台北市中山南路21号 乘捷运新店线、南势角线中正纪念堂站下 02-2343-1100 ★★★★

中正纪念堂是纪念蒋介石的地方，它气势宏伟，已经成为台北的地标性建筑。该建筑深得中国传统建筑文化的精髓，整体风格华美典雅，兼有雄壮的轮廓。进入馆内可以看到诸多与蒋介石有关的文物，其中包括他长期使用的汽车和曾穿过的衣物，还有记录他生活言行的日记手稿。这里每天还会举行卫兵交接仪式，该仪式也是台北的名景之一。

02 台湾戏剧院&音乐厅 赏

华美的音乐和艺术殿堂

位于台北故宫附近的戏剧院&音乐厅都是仿古式建筑，深得中国传统建筑的精髓，雕梁画栋，精美异常。这两个场馆坐落于中正广场的两侧，遥遥相望，相映成趣。来到这里的游客们可以进入音乐厅，沉浸在那奇妙的音乐世界之中，获得心灵上的启迪；也可前往艺术厅观赏那些精彩的绘画和雕塑作品。

TIPS

台湾省台北市中山南路21号 乘捷运新店线、南势角线中正纪念堂站下 02-2343-1100 ★★★★

03 历史博物馆

台湾省知名的历史博物馆

该博物馆的历史十分悠久，馆藏的展品主要是中原地区出土的部分文物，以及“二战”后日本归还的部分文物。该馆的主楼是一栋仿古建筑，整体气势简洁典雅，具有明清时期江南建筑的风格。来到馆内可以看到不少的珍稀展品，其中包括罕见的先秦时期的铜器，以及珍贵的唐三彩等陶器。

TIPS

台湾省台北市南海路49号 乘捷运至中正纪念堂站下，1、2 号出口出站 02-2361-0270 20新台币 ★★★★

04 台北植物园 赏

台北最好的植物园之一

TIPS

台湾省台北市南海路53号 乘捷运小南门线小南门站下

02-2303-9978 ★★★★

台北植物园开设于日据时期，是一个以各种热带、亚热带植物为主要展出物的植物园。来到园区内，可以感受园区的巧妙布局，这里既有位于半空中的木栈道，也有林间碎石小道，游人在不同分区可以看到形态各异的植物，包括独特的蕨类植物区、奇异的棕榈科区等。

05 台湾艺术教育馆 赏

台湾省最著名的艺术教育类场馆

台湾艺术教育馆是一栋具有现代主义风格的建筑，来到这里的人们可以真切感受到几十年来台湾艺术事业的蓬勃发展。这个展馆是以挖掘新人、推广艺术文化为主题的，许多展品都是知名艺术家在未成名时的作品。

TIPS

台湾省台北市中正区南海路47号 乘捷运小南门站下车

02-2311-0574 ★★★★

06 邮政博物馆 赏

独特的主题博物馆

TIPS

台湾省台北市重庆南路二段45号 乘捷运新店线中正纪念堂站1号出口出站 02-2394-5185 5新台币 ★★★★

邮政博物馆是台湾最受欢迎的展馆之一，来到这里可以了解邮政事业的发展历程。这个展馆的展品十分丰富，既有中国古代的驿站所使用的物品，也有世界各地的邮票，其中最珍贵的当属一枚“黑便士”邮票，它是世界上最早的邮票。

07 长荣海事博物馆

著名的海事博物馆

TIPS

台湾省台北市中山南路11号 乘捷运中正纪念堂站6号出口出站 02-2351-6699 ★★★★

长荣海事博物馆是长荣集团所建的以介绍航运为主题的博物馆，也是台湾省最大、展品最多的海事博物馆。航海探索区是介绍从史前时代起人类探索海洋进程的地方；海洋画作区则是展出一幅幅与海洋有关的精彩画作的地方；海洋台湾区全面介绍了台湾的海域、海事情况；现代船舶区和世界船舶区也都是各具特色的展区。

08 杨英风美术馆

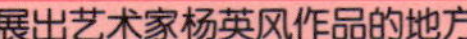

杨英风美术馆是一个以台湾本土艺术家杨英风的作品为主题的展馆，展品种类繁多，颇为珍贵。杨英风是台湾雕塑界的一代宗师，但他的漫画、版画、雕刻、激光艺术、景观与建筑规划的作品也都很有价值，在这个展馆内均有展出。

TIPS

台湾省台北市重庆南路二段31号 乘捷运中正纪念堂站1号出口出站后，沿南海路步行大约10分钟即可到达 02-2396-1966 ★★★★

09 南门市场

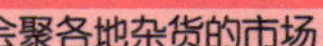

TIPS

台湾省台北市罗斯福路一段8号 乘捷运淡水线中正纪念堂站2号出口出站 02-2321-8069 ★★★★

南门市场是一个销售来自大陆地区各种杂货、干货的市场，各种老字号店铺更是随处可见。这里在逢年过节的时候最为热闹，那些不同风味的腊肉、香肠、酸白菜、火腿、炝蟹可供人们随意挑选。南门市场里的饰品店和手工艺品店里出售的商品也都是很有特色的。

10 苏杭点心 

味道上佳的小笼包店

TIPS

台湾省台北市罗斯福路二段14号 乘捷运新店线古亭站下
02-2394-3725 ★★★★

苏杭点心店内各种甜点味道颇为不错，但是这家店铺的招牌菜却是上海风味的小笼包。这里的小笼包色泽明亮，端上来之后更是香气扑鼻，令人食指大动，咬下去之后满口生津，味道鲜美。苏杭点心店还有别处的风味佳肴，游客们可以好好地品尝一番。

11 台湾师范大学 赏

古迹众多的大学校园

TIPS

台湾省台北市和平东路一段162号 乘捷运新店线古亭站4号出口出站 02-2362-5101 ★★★★

台湾师范大学的原址是日据时期的一所高校，因而古建筑众多，极具旅游观赏价值。行政大楼是这里的标志性景点，兼具中西方建筑风格的精华，红砖墙是它的特征。普自大楼是园区内最古老的建筑，它是台北少见的哥特式楼宇，高耸的尖塔是适合人们拍照留念的好地方。

以龙泉路为核心的师大路夜市是台湾师范大学附近最为热闹的地方，也是附近学生逛街的首选地。这里每到开市时就人声鼎沸，热闹异常，各种叫卖声和讨价还价声构成了一曲独特的市井交响乐，一直能演奏到午夜一两点钟。

12 师大路夜市 逛

极具青春活力的夜市

TIPS

台湾省台北市龙泉路 乘捷运新店线台电大楼站下
★★★★

13 公馆夜市

深受学生欢迎的夜市

台湾省台北市罗斯福路 乘捷运新店线公馆站3号出口出站后，步行3分钟即可到达 ★★★★

公馆夜市是台北各高校的学生放学后常去的地方之一，那里热闹异常，吃喝玩乐一应俱全。那里的各种风味小吃最为著名，空气中都弥漫着独特的饭菜香味。公馆夜市又是极好的逛街地，游人们可以在这里选购各种休闲服饰。此外，还有独特的手工艺品和各种小饰品可供挑选。

14 宝藏岩

赏

台北的知名古迹

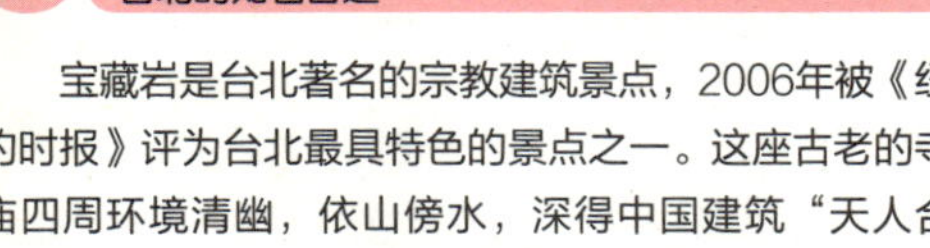

宝藏岩是台北著名的宗教建筑景点，2006年被《纽约时报》评为台北最具特色的景点之一。这座古老的寺庙四周环境清幽，依山傍水，深得中国建筑“天人合一”的思想精髓。这里附近还有众多人文景点，其中包括闽南建筑风格的寺庙、退伍军人居住的眷村等。

TIPS

台湾省台北市中正区汀州路三段230巷 乘捷运新店线公馆站1号出口出站 ★★★★

15 台湾大学

台湾最著名的大学

TIPS

台湾省台北市罗斯福路四段1号 乘捷运新店线公馆站3号出口出站 02-2396-1966、02-2363-0231 ★★★★

台湾大学是台湾省的最高学府，充满了浓浓的书卷气息。园区内景色优美，有众多的人文景点。来到台湾大学，除了可欣赏以醉月湖椰林大道与旧校区为代表的“台大十二景”外，游人还能感受到这里的人文色彩和青春活力。

16 紫藤庐

台湾著名的茶馆

TIPS

台湾省台北市新生南路三段16巷 乘捷运新店线台电大楼站出站 02-2363-7375 ★★★★

紫藤庐是台湾的一家老字号茶馆，早在日据时期就开始营业了，因而主楼有着鲜明的日本明治时期的建筑风格。这个茶馆四周的环境幽静，是一个静心品茗的好地方。来到这里的茶客们会沉浸在这舒适宁静的氛围中，放松疲惫的心灵。

17 永康街 逛

台北著名的小吃一条街

永康街是台北的一条名街，它是以拥有众多的小吃店铺而得名的，后成为台北乃至台湾小吃街的代名词。这里拥有多家台湾的老字号店铺，各种小吃深受不同年龄层的食客欢迎，而且这里还有以冰馆为代表的新兴店铺，它们则是当下年轻人的至爱。

TIPS

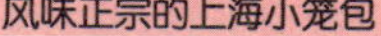

台湾省台北市永康街 乘捷运新店线中正纪念堂站下 ★★★★

18 永康街高记 吃

风味正宗的上海小笼包

永康街上的高记饭店是一家老字号的小吃店，这里出售的小笼包口感上佳，味道极为正宗，是台北的名品。除此之外，店内出售的上海生煎也同样有名，深受食客们的欢迎。来到高记还能品尝这里众多的上海风味点心，无论喜欢什么口味的食客都能满意而归。

TIPS

台湾省台北市永康街3号 乘捷运新店线中正纪念堂站出站 02-2341-9984 ★★★★

19 鼎泰丰 吃

台北最好的小笼包店

说到鼎泰丰，在台北可谓无人不知，无人不晓。近年来它的名气已经逐渐远播到全球各地了，并被《纽约时报》评选为世界十大美食餐厅，成为台湾小吃界的佼佼者。这里的招牌菜是风味正宗的小笼包，皮薄、汤汁鲜美，入口之后留有余香，令品尝过的人们赞不绝口。来到这里还能吃到各地的美味佳肴，实在是令人食指大动。

TIPS

台湾省台北市信义路二段194号 乘捷运木栅线大安站下 02-2321-8928 ★★★★

20 秀兰小吃 吃

台湾知名的连锁小吃

秀兰小吃是台湾最著名的连锁小吃店之一，近年来它的店铺已经扩展到大陆地区。这家小吃店是以江浙风味的菜肴为主打产品的，历经岁月考验而历久不衰，口碑极佳。来到秀兰小吃可以品尝到口味正宗的江浙家常菜，其中包括著名的红葱烤排、红烧马头鱼、青椒塞肉、八宝鸭等菜品。

TIPS

台湾省台北市信义路二段198巷5号之5 乘捷运新店线古亭站下 02-2393-0167 ★★★★

TAIWAN GUIDE

Tai Wan

畅游台湾 3

台北西门町

西门町是台北时尚潮流的热地，各种餐厅、咖啡店、电影院和服饰店应有尽有，是台北的时尚流行地标。

01 西门町

台湾的流行最前沿

西门町是台北西区最重要的商业圈，这里交通便利，人流密集，是台北最具代表性的商业街区。这里拥有大片的步行区域，里面有很多知名的零售企业，衣食住行一应俱全。同时这里也是年轻人的天堂，来自世界最前沿的服饰、文化等在这里都能找到，是台北流行趋势的风向标。

TIPS

台湾省台北市中华路 乘捷运板南线或小南门支线西门站下

02-2720-8889 ★★★★

02 西门町服饰街

会聚了最新潮的服饰

在西门町不能不提的就是西门町服饰街，这里是西门町最热闹的街区之一，比起光影变幻的电影街和哈日族聚集的青少年天堂来有过之无不及。这里坐拥了数十家出售服饰的商店，各种来自世界各地的知名品牌都在这里汇集，简直能让人挑花了眼。

TIPS

台湾省台北市无偿街二段 乘捷运板南线西门站下

★★★★

03 刺青街

最前卫另类的小街

西门町总是站在时尚界的最前沿，在这里有一条看起来很旧的小街，里面密密麻麻地分布着数十家专营文身彩绘的商店，这便是有名的刺青街。崇尚前卫奔放的年轻人通常都会到这里，在自己的皮肤上留下永恒的刺青图案或是只能保持一周左右的彩绘花纹。

TIPS

台湾省台北市汉中街 捷运西门站6号出口出站

★★★★

04 中山堂

举行重要活动的场所

赏

TIPS

台湾省台北市延平南路98号 乘捷运板南线西门站5号出口出站 02-2381-3137 ★★★★

中山堂本是在日据时期为了纪念日本天皇裕仁继位而建的，台湾光复后这里便成了重要的政府活动场所。这是一幢具有西班牙回教风格的四层钢筋水泥建筑，内有“中正厅”、“光复厅”及“堡垒厅”等。

05 台北天后宫

艋舺三大庙门之一

赏

台北天后宫始建于清乾隆年间，最初这里叫做艋街新兴宫，后来在日据时期被拆毁，复建后改为今名。庙内保存的康熙年间的古钟和嘉庆年间的八仙香炉都是这里悠久历史的见证。因为是周边地区的信仰中心，捐资支持的信徒不在少数，他们捐赠的蜡烛终年燃烧不熄，是这里最大的特色。

TIPS

台湾省台北市成都路37号 乘捷运板南线西门站6号出口出站 ★★★★

06 五金行街

台北五金商店集散地

逛

位于环河南路的五金行街是台北市五金商店的集散地，这条长约300米的街道沿街两侧林立着众多五金商店。在这里可以买到各种工具和配件，甚至摩托车引擎与轮胎，与年轻时尚的西门町形成鲜明对比。

TIPS

乘台湾省台北市环河南路一段 乘捷运板南线西门站下 ★★★★

07 环河南路

分布着很多古迹的干道

环河路是南北向纵贯台北的一条主干道，其中南侧的部分称作环河南路，这里地处西门町闹市的外围。在这片区域内分布着很多著名的旅游景点，包括学海书院、华江公园等。其中学海书院是目前台北仅存的清代书院，兼具教学、祭祀和居住功能，是很重要的史迹。

TIPS

台湾省台北市环河南路一段 乘捷运板南线西门站下 ★★★★

08 合作金库银行

赏

古老厚重的银行

位于西门町的合作金库银行是一幢充满厚重历史感的建筑，其前身曾是台北信用合作社，这座银行最醒目的标志就是墙上的猫头鹰，吸引了众多游人在这里拍照留念。

TIPS

台湾省台北市衡阳路87号 乘捷运板南线西门站4号出口出站后，步行5分钟即可到达 02-2331-1041 ★★★★

09 电影主题公园

玩

展示电影的美

位于台北市武昌街与康定路路口的电影主题公园是由台湾煤气公司改建而成的，目前是西门町最大的户外用地。公园内建筑不多，原有的旧厂房、新搭建的钢棚、钢构平台等露天设施交错而立，结合西门町原有的大量电影院，构成了一处在光影交织下具有独特风貌的艺术区域。

TIPS

台湾省台北市康定路19号  乘捷运西门站6号出口出站 02-2312-8008 ★★★★

10 红楼剧场 赏

台湾最老的电影剧场

TIPS

台湾省台北市万华区成都路10号 乘捷运板南线西门站出站 02-2311-9380 ★★★★

红楼剧场位于西门町成都路上，这是一栋全部由红砖砌成的八角墙楼，屋顶以钢管铺设成伞骨状支架。这里是台湾历史最悠久的电影剧场之一，现在这里通过一系列的资料展示了红楼如何从一个贩卖花卉的杂货市场转变为如今的博物馆的过程。2层有一个舞台，每逢节假日都会举行一些传统或时尚的活动，向年轻人宣传台湾的传统文化。

11 万年商业大楼 买

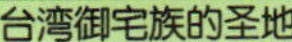

台湾御宅族的圣地

TIPS

台湾省台北市西宁南路70号 乘捷运板南线西门站6号出口出站 02-2381-6282 ★★★★

万年商业大楼在西门町区域内可以算是一家老店了，早在20世纪80年代这里就是极引人注目的购物中心。如今这里却是台湾年轻一代的落脚处，店里销售的都是当下最流行时尚的货品。无论是鞋、手表，还是香水、化妆品都应有尽有。4层更是日本动漫、玩偶、模型、游戏等的集散地，非常受当下的哈日一族和动漫迷的青睐。

12 玉林鸡腿大王

香酥美味的鸡腿

在西门町商圈日新月异的变化中，能保持经营数十年的店面实在不多。但玉林鸡腿大王就是其中一家，虽然开业至今已经超过50年，但是依然天天顾客盈门。鸡腿的制作看起来很简单，但是店家却十分用心地不断发展创新。这里的鸡腿皮薄而脆，肉鲜美多汁，让人一口一口不忍停下来。

台湾省台北市中华路一段114巷9号 乘捷运板南线西门站下 02-2371-4920 ★★★★

13 老天禄

誉满全台的卤味店

老天禄是西门町一家经营超过50年的老卤味店，这里以鸭翅膀、鸭舌头，鸡鸭的肫、肝、心、爪等卤味闻名全台北。选料严格新鲜，制作精良，形成了50年一贯的传统味道。这里的所有卤味都是保持适量生产，绝不会做太多而使它们失去新鲜的滋味。

TIPS

台湾省台北市武昌街二段55号 乘捷运板南线西门站出站步行5分钟即可到达 02-2361-5588 ★★★★

14 阿宗面线

白手起家的面线名店

TIPS

台湾省台北市峨眉街8-1号 乘捷运板南线西门站下 02-2388-8808 ★★★★

阿宗面线是一家已经创办了30多年的台湾传统小吃店。这里主营福建米线，从最初的一辆小推车起家，直到现在拥有这家不大的店面。这里的米线色黑条细，柔韧爽滑，用筷子挑起来都不会断，加上一些海鲜、猪肉、菇类等配菜，吃起来口感筋道有弹性。

15 杨记玉米冰 吃

玉米冰的创始者

开业近50年的杨记玉米冰至今已经传到了第二代，是台湾玉米冰的鼻祖。杨老板独创了用玉米粒来制作刨冰的手法，其诱人的颜色和独特的味道使其在台湾一炮而红。如今的杨记玉米冰经过不断的发展，已经拥有了9种不同口味的玉米冰，其中以花生和玉米制成的花生玉米冰最受欢迎，其绝妙的口感吸引了不少新老顾客。

TIPS

台湾省台北市汉口街二段38、40号 乘捷运在西门站6号出口出站 02-2375-2223 ★★★★

16 鸭肉扁 吃

最地道的鹅肉小吃

TIPS

台湾省台北市中华路一段98-2号 乘捷运西门站6号出口出站 02-2371-3918 ★★★★

鸭肉扁早在1950年就已经在这里开业了，虽然名称“鸭肉扁”，但这里经营的却是地地道道的鹅肉小吃。这里销售的每碗鹅肉汤都汤汁鲜美，鹅肉香嫩可口，再蘸上香甜的酱料，简直就是人间第一美味。同时这里也提供用煮鹅肉的高汤煮就的汤面和米粉，和鹅肉一起吃更是美味。

17 雪王冰淇淋 吃

种类丰富奇特的冰淇淋

TIPS

台湾省台北市武昌街一段65号 乘捷运板南线西门站下 02-2331-8415 ★★★★

雪王冰淇淋是位于武昌路一段的专门出售手工冰淇淋的老店，这里的冰淇淋种类极为丰富，共有73种口味供客人选择。除了常见的各种水果味的冰淇淋外，这里甚至还有猪脚、肉松、豆腐、牛肉、麻油鸡等口味的。最新奇的当属一种日本芥末味的，吃到嘴里又甜又辣的味道直冲脑门，让人有一种豁然开朗的感觉，“原来冰淇淋还能这么做”。这家店就是以这些富有创新精神的作品来吸引客人的。

TAIWAN GUIDE

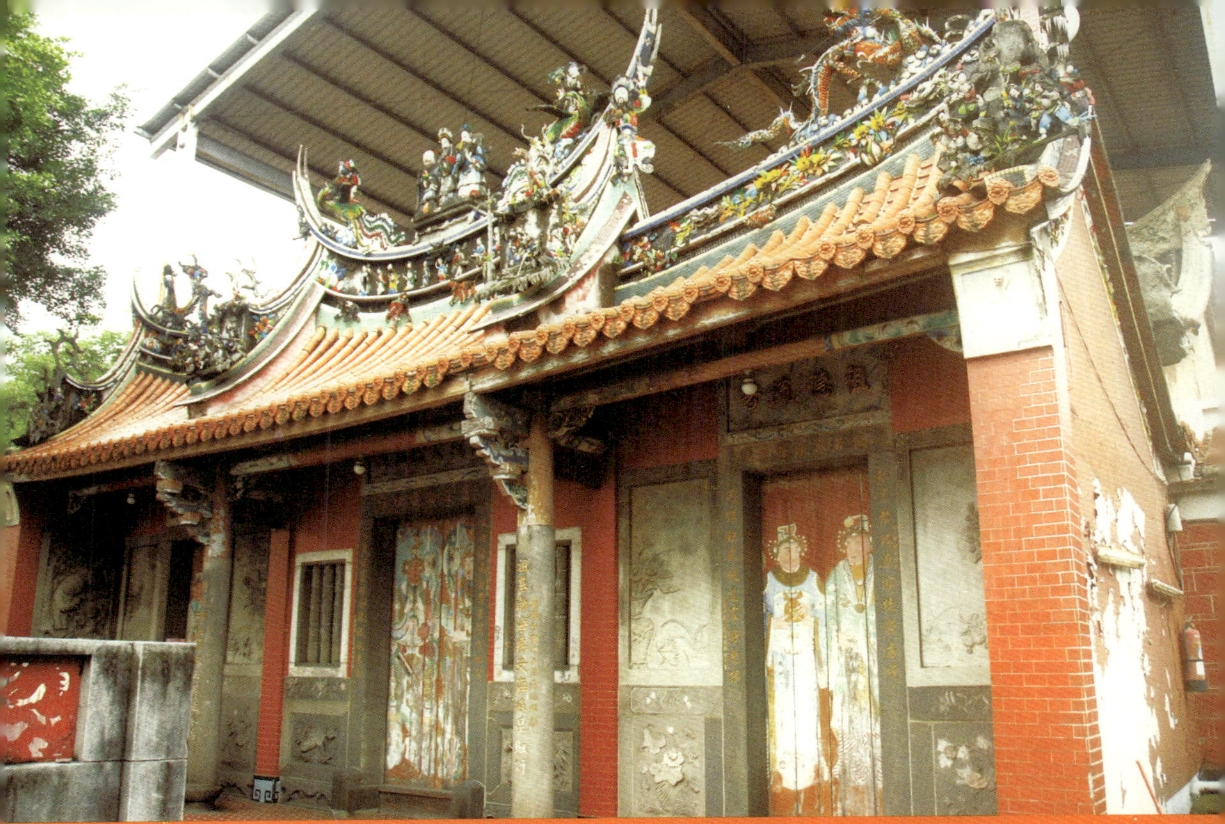

Tai Wan

畅游台湾

4

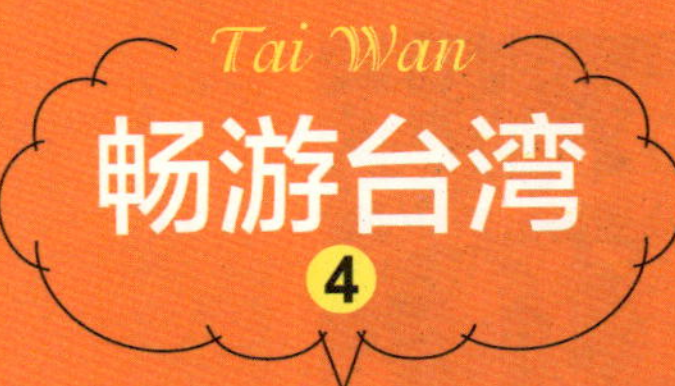

台北万华

龙山寺所在的万华地区有艋舺龙山寺、艋舺公园、华西街观光夜市、万华夜市、艋舺地藏王庙等景点。

01 龙山寺 赏

台北最知名的古刹

TIPS

台湾省台北市广州街211号 乘捷运板南线龙山寺站下

02-2302-5162 ★★★★

龙山寺位于台北万华区著名的夜市区中，这里是全台湾开发最早的地方，这座寺庙自然也是全台湾乃至世界范围内最为知名的古刹之一。庙宇建筑是传统的中式宫殿式，从外向里分别是山门、庙埕、前殿、中庭、大殿后庭、后殿。每年元宵节时，这里还会举行盛大的花灯展览和放平安灯等传统活动。

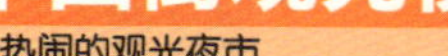

02 华西街观光夜市 逛

最热闹的观光夜市

华西街观光夜市位于龙山寺附近，是台湾第一座观光型夜市。这里入口处有壮观的巨大牌楼，牌楼上还悬吊着巨大的宫灯，一到晚上就发出耀眼的光辉。夜市里以各种台湾特产的小吃为主，鸡蛋蚵仔煎、赤肉羹、麻油鸡、肉丸、炒螺肉、鳝鱼面等传统小吃在这里均能吃到，而且品质与味道都是有口皆碑的。甚至还有一些大型的饭馆都会到这里来设立摊点，为自己打招牌。

TIPS

台湾省台北市华西街1号(万华火车站至华西街一带) 乘捷运板南线龙山寺站1号出口出站 ★★★★

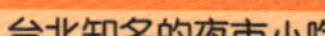

03 大鼎肉羹 吃

台北知名的夜市小吃

位于华西街的大鼎肉羹是台北知名的夜市小吃。这里的肉羹和一般路边摊上贩卖的肉羹不同，热腾腾的用萝卜熬煮的汤，加上一块块分量十足的肉块，吃在嘴里软软的，一股暖流会从肚子里生出来流遍全身。同时这里的卤肉饭也是招牌菜式，五花卤肉富含油脂却不腻口，肉皮黏黏的感觉恰到好处，其中还带着微微的辣味，让人不禁胃口大开，一碗肯定是不够的。

TIPS

台湾省台北市华西街观光夜市 乘捷运板南线龙山寺站下

02-2301-5073 ★★★★

04 青山宫

历史悠久的古庙

TIPS

台湾省台北市万华区贵阳街二段218号 乘捷运板南线龙山寺站下车 02-2382-2296 ★★★★

艋舺青山宫位于台北万华区贵阳街，这里主要供奉着当地人信仰的灵安尊王，即青山王。青山宫的建筑为三进三开式的传统庙宇形制，坐南朝北，大门紧邻街道，主要有前殿、正殿、后殿等部分。正殿里供奉着青山王和其夫人的塑像，左右陪祀着监察司、长寿司、奖善司、阴阳司、福德司、罚恶司、增禄司、速报司及枷将军、锁将军等。每年10月是青山王诞辰，这里都会举行热闹的巡游活动。

05 广州街夜市

逛

拥有多家老字号的夜市

毗邻华西街夜市的广州街夜市在热闹程度上也丝毫不逊色，甚至数起老字号来比华西街还要多。这里有70多年历史的老牌锉冰店，有50多年历史的爱玉冰，其中最著名的还是要数1912年就在这里开业的两喜号鱿鱼羹老店。这家店的鱿鱼羹采用最新鲜的鱿鱼制成，保证了新鲜鱿鱼香脆有嚼劲的口感，加上老板秘制的鲜美汤头，是这条街上最受人喜爱的小吃。

TIPS

台湾省台北市广州街 乘捷运板南线龙山寺站1号出口出站 ★★★★

06 艋舺剥皮寮老街（乡土教育中心）

展现老台北风情的老街

艋舺剥皮寮老街是万华区最具历史的一条街，当年运往福建的杉树都要在这里剥去树皮并装船，剥皮寮的名字由此而来。如今因为有乡土教育中心的存在，这条老街重新焕发了生机，将老台湾的风貌尽情地展现在每一个游人面前。

TIPS

台湾省台北市广州街101号 乘捷运板南线龙山寺站1号出口出站 02-2336-1704 ★★★★

07 隘门 

传统建筑中的防御设施

隘门是中国建筑中普遍设置于城市街道巷弄中的防御建筑，平时入夜后就会关闭，既可以防盗也能防止族群械斗。隐匿于广州街街巷之内的隘门建于清嘉庆年间，这里隘门的最大特色就是在上层还建有一座福德公庙，使得这一防御建筑又增添了宗教功能，周围的百姓常到这里来朝拜进香，同时这里也成了外来游客很感兴趣的一处旅游景点。

TIPS

台湾省台北市广州街223巷内 乘捷运龙山寺站1号出口出站 ★★★★

08 艋舺地藏王庙 

朴素简单的古庙

艋舺地藏王庙位于万华区的西昌街，始建于清代。日据时期日本人曾妄图将其收归所有，但因遭到当地信徒的集体反对而作罢。整座建筑坐东朝西，三开间单殿式，结构朴素大方，装饰也以实用为主。庙内供奉着地藏菩萨、北极大帝等掌管阴曹地府的神，此外周围被毁坏的庙宇中的诸多神像也被一并移到这里。

TIPS

台湾省台北市万华区西昌街245号 乘捷运龙山寺站下 ★★★★

09 学海书院 赏

台北硕果仅存的书院

TIPS

台湾省台北市万华区环河南路二段93号 搭乘公共汽车11、62、229、231、232、235副、242、264、310路至西门国小站下车 02-2306-4468 ★★★★

学海书院位于台北万华区环河南路上，始建于清代的它是台北目前硕果仅存的书院建筑，如今这里作为高姓族人的宗祠而继续存在。建筑分前后两进，前厅是昔日的讲堂，后厅为祭祀厅，左右厢房则是学生宿舍。这处书院集讲学、祭祀、住宿的功能于一体，教师和学生都住在书院内。书院在教授知识的同时更注重人格的培养，将教学应先教做人的理念发挥到了极致。

10 两喜号 

清淡香脆的鱿鱼羹

TIPS

台湾省台北市广州街245号 乘捷运板南线龙山寺站下 02-2308-7332 ★★★★

依靠着一碗鱿鱼羹而在广州街上站稳脚跟的两喜号开业于1921年，至今已经90多岁的它，店内依然摆放着创业时使用的老瓷碗，表示要坚守最初的传统滋味。这里的鱿鱼羹选料讲究，通常都要耗费相当长的时间来处理原料，最大限度地保留了新鲜鱿鱼鲜脆有嚼劲的口感。同时这里的汤料也很独特，吃起来清淡爽口，却又不会掩盖其中的鲜味。

11 艋舺清水岩 赏

造型古朴庄严的庙宇

位于万华区的艋舺清水岩也称祖师庙，始建于清乾隆年间，与艋舺龙山寺和大龙峒保安宫并称为“台北三大庙门”。庙内现存前殿和正殿两座殿堂，都使用了硬山翘脊的风格，殿门处均用粗壮的盘龙石柱做装饰。正殿内供奉着地方保护神清水祖师，同时还有关帝、文昌帝君、天上圣母、福德正神等诸神的神像。

TIPS

台湾省台北市康定路81号 乘捷运板南线龙山寺站1号出口出站 02-2371-1517 ★★★★

12 龙都冰果专业家 吃

创业近百年的冰品老店

龙都冰果专业家在万华可谓尽人皆知，创业至今已有近百年的历史了。很多台北人家都是几代人光顾这里，而这里也常常是游人光顾万华小吃的最终站——饱餐过后的甜点就是它了。这里主要经营锉冰，这里的冰品火候拿捏极准，碎如细沙的冰加上各种各样的甜品，这种完美的组合让人过口难忘，而且也不会因为冰粒过大而让胃受到伤害。

TIPS

台湾省台北市广州街168号 乘捷运板南线龙山寺站1号出口出站 02-2308-3223 ★★★★

13 万华仙草冰 吃

台北老资格仙草冰

万华仙草冰在万华可以算是相当的老资格了，从老店墙壁上写着的“38年老店”就可以看出其中的端倪。仙草冰是台湾人传统的平民冷饮，万华仙草冰店里的仙草冰香气浓郁，味道都是30多年一贯的，在好吃的同时还有一点怀旧的意味在里面。

TIPS

台湾省台北市艋舺大道166号 乘捷运板南线龙山寺站下 02-2302-9044 ★★★★

14 万华青草巷 逛

出售中草药的小巷

西方医学还没有传入我国的时候，台湾当地居民都是使用传统的中医草药来医治疾病。在万华的西昌街和广州街的交界处就有这么一条布满传统草药店的小巷。这里出售的新鲜草药来自台湾各地，除了治疗疾病的草药之外，更多的是夏天消暑的药茶中所用的清热退火和冬季温补滋养的草药。

TIPS

台湾省台北市广州街168号 乘捷运板南线龙山寺站下 02-2308-3223 ★★★★

TAIWAN GUIDE

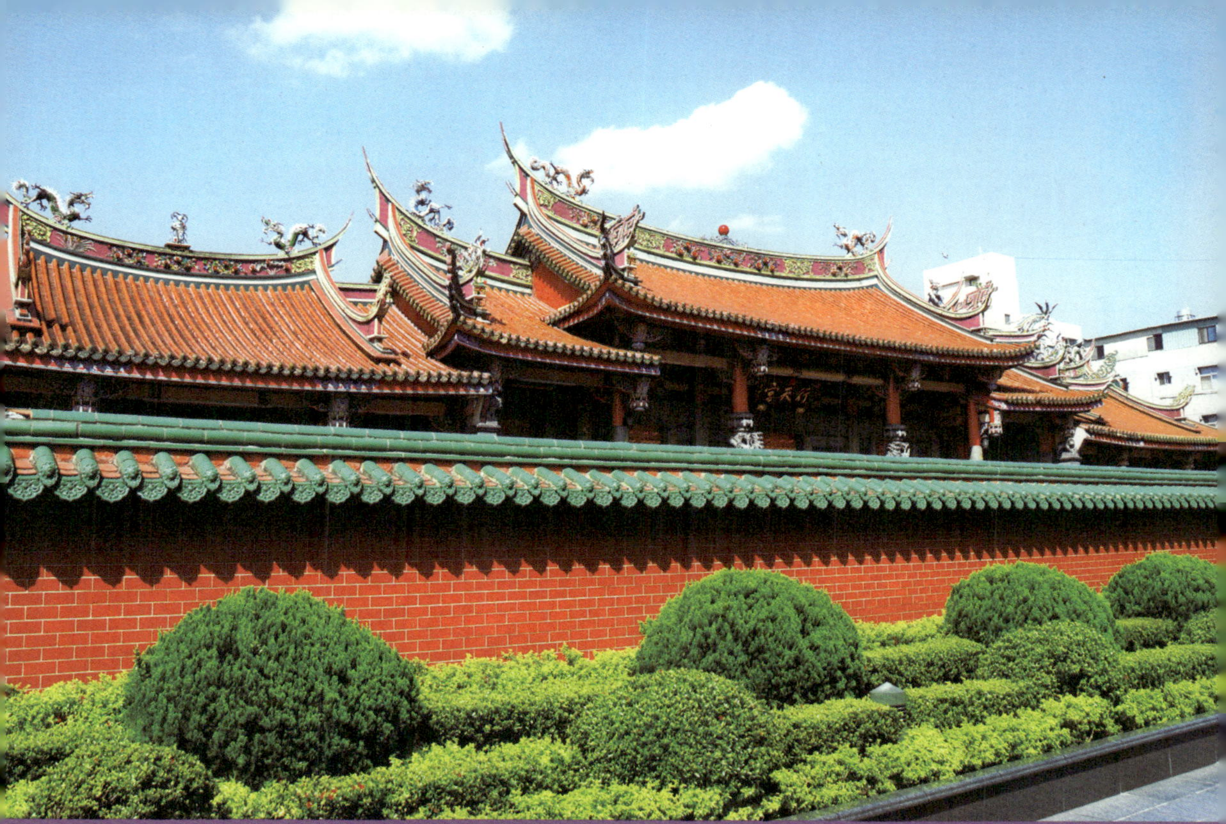

Tai Wan

畅游台湾

5

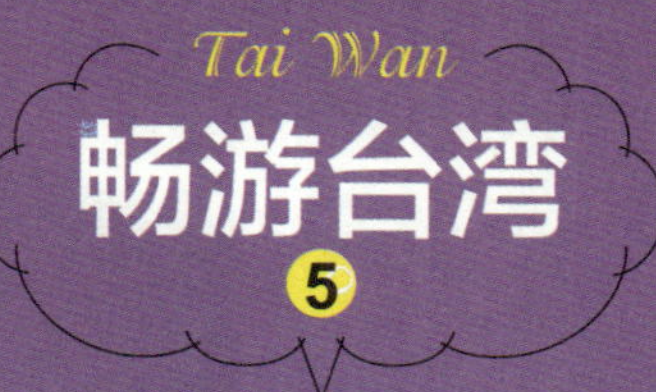

台北南京东路

南京东路是台北金融业与写字楼最集中的商务区，附近还有大量豪华的五星级酒店和美味餐厅，吸引众多美食爱好者。

01 行天宫

恩主信仰的集中地

行天宫也称恩主宫，是台湾北部地区香火最旺盛的道家庙宇。庙里供奉着关帝、吕洞宾、灶神张单、天师王善以及宋朝名将岳飞的神像，这五人被合称为五恩主。这里最大的特点就是拒绝游人的一切供养，包括投香火钱、演戏酬神、烧金纸、祭献牲口等行为，简单朴素的风格也颇受宗教界人士的好评。

TIPS

台湾省台北市中山区民权东路二段109号 乘5、49、63、214、225、277、285、502、505、617路公共汽车在民权松江路口下 02-2502-7924 ★★★★

02 台北小巨蛋体育馆 玩

多功能体育馆

最多可以容纳15000人的台北小巨蛋体育馆的前身为台北棒球场，后因诸多因素被改建成为现在的小巨蛋体育馆。这是一座多功能多用途的体育馆，可以举办篮球、网球、体操、跆拳道等多项体育竞技比赛，还可以用于演唱会、展览、艺术表演等大型活动。

TIPS

台湾省台北市南京东路四段2号 乘捷运木栅线南京东路站下 02-2577-3500

★★★★

03 辽宁街夜市 逛

典型的迷你型夜市

辽宁街夜市在台北各夜市中并不能算是大的，但是这里以店家密集而闻名。这里经营的商铺大多以小吃摊为主，卤味、臭豆腐、珍珠奶茶、牛肉汤饺、炒面等台湾人日常所能见到的小吃在这里都能看到，是附近上班族晚餐和消夜的首选。在街边还有不少特色咖啡厅，里面经常坐满了休闲或是洽谈工作的人，因此也被称作“咖啡街”。

TIPS

台湾省台北市辽宁街 乘捷运木栅线南京路站出站

★★★★

04 袖珍博物馆 赏

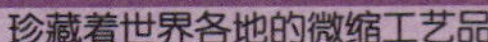

珍藏着世界各地的微缩工艺品

TIPS

台湾省台北市建国北路一段96号B1 乘捷运木栅线南京东路站出站 02-2515-0583 180新台币 ★★★★

袖珍博物馆位于台北市中山区建国北路，这座博物馆里的藏品都以“小”为特色，收集了200余件来自世界各地的袖珍艺术品。大部分是微缩的娃娃屋，其中根据美国洛杉矶文献记载而创作的玫瑰豪宅堪称这里的镇馆之宝，做工精致令人赞叹不已。而造价达千万元、金碧辉煌的微缩白金汉宫则更显示出皇家的气派。此外各种各样的洋娃娃、车、船、蛋雕等也都很吸引游人的眼球。

05 林东芳牛肉面 吃

独特风味的牛肉面

台湾省台北市八德路二段274号 乘捷运木栅线南京东路站出站 02-2752-2556 ★★★★

林东芳牛肉面位于台北市八德路，每天这里都会排起长龙，诱人的牛肉面香味吸引着每一个路过的人。这里牛肉面里的牛肉都是在锅中经过了长时间的炖煮而成的，又软又嫩，非常鲜美。富有嚼劲的面条加上店家秘制的汤底和酱料，一碗香气扑鼻、热腾腾的牛肉面就完成了。虽然店面不大，但是每一碗牛肉面都是这里的精华所在。

06 京鼎楼 吃

美味绝伦的小笼包

台湾省台北市长春路47号 乘捷运淡水线中山站出站 02-2523-6639 ★★★★

位于台北市长春路的京鼎楼是台湾知名的小笼包店。这里的小笼包皮薄馅足，汁水充分，而且吃多了也不会感到油腻。除了普通的肉馅小笼包外，这里还开发了加入芋头的小笼包，让很多食客颇感新鲜。除此之外，蔬菜蒸饺、清蒸鸡汤都是这里的招牌菜式，值得一试。

07 陶然亭餐厅 吃

典型的老北京菜

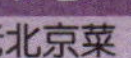

台湾省台北市中山区复兴北路86号 乘捷运木栅线南京东路站下 02-2778-7805 ★★★★

陶然亭餐厅是一家经营老北京饭菜的饭店。这里走的是平民路线，供应的菜式都是北京日常的菜肴。火锅、涮羊肉之类的自不必说，这里的看家菜肯定要数烤鸭无疑。这里的烤鸭是从北京请来专业的大师傅制作的，从烤制到片皮都相当正宗，味道自然也是首屈一指。

TAIWAN GUIDE

Tai Wan

畅游台湾

6

台北忠孝东路

忠孝东路商圈是台北最繁华的商圈，拥有众多大型百货商场和餐厅，引领台北时尚潮流。

01 忠孝敦化商圈 逛

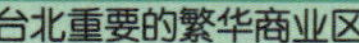

台北重要的繁华商业区

台湾省台北市忠孝东路三段、四段及敦化南、北路 乘捷运板南线忠孝复兴站或忠孝敦化站下 ★★★★

台湾人习惯把忠孝敦化商圈叫做东区，这里交通便利，店铺林立。即使是夜幕降临，这里也有夜市摊位，叫卖之声不绝于耳。尤其是在敦化南路，几乎每走几步都能发现出售高级精品的时尚店，包括珠宝中的佼佼者CARTIER、一向是时尚指路牌的LV以及最近深受年轻人喜爱的DKNY等世界知名品牌。这里夜生活丰富，酒吧、餐馆随处可见，周末更是时髦男女们聚会的场所。

02 诚品书城 逛

集休闲与读书于一体的连锁书店

诚品书城是台湾的大型连锁书店，在全台湾各地开有50多家分店。台北的这家诚品书城位于敦化南路，这里布置简约时尚。油墨的清香味和咖啡的浓香混杂在一起，形成一种高贵典雅的味道。每个爱书人都能在这里寻找到自己心仪的图书，不论是文艺、哲学还是时尚杂志在这里都能找到。书城24小时营业，无论何时来到这里都能沉浸在书海之中。

台湾省敦化南路一段245号 乘捷运板南线忠孝敦化站下 02-2775-5977 ★★★★

03 台湾偶戏馆 赏

发扬传统的偶戏文化

台湾偶戏馆就位于京华城旁，这里主要以继承和发扬台湾传统的偶戏文化为要务。馆内分有展示、演出、教学等多个部门，也可以在这里购买到和偶戏有关的纪念品。偶戏馆有金光戏台和肩担戏台等演出场所，游客可以走进后台观看偶人的制作过程，并自己尝试操作这些制作精良的人偶。另外，世界偶戏区还向人们介绍了世界各地的著名偶戏文化。

台湾省台北市市民大道五段99号2~4层 乘捷运板南线中山纪念馆站5号出口出站 02-2528-7955 100新台币 ★★★★

京华城购物广场

造型独特的观光休闲购物中心

台湾省台北市松山区八德路四段138号 乘搭捷运板南线中山纪念馆站下 02-3762-1888 ★★★★

京华城是一座全新的国际级观光休闲购物中心，这里采用了独一无二的“双龙抱珠”的建筑造型，是世界上最大的球形商场。左右被视作双龙的方形商场中出售的都是来自世界各地的名牌精品，而正中的球形商场则是以销售平价物品为主。这里24小时营业且全年无休，无论是购物还是喝咖啡、看电影、尝小吃，京华城都不会让人失望。

05 微风广场

美式风格的购物中心

微风广场地处交通便利的市民大道及复兴南路路口，这里是台北第一家以美式休闲风格为主的大型购物中心。这里集购物、休闲、餐饮、娱乐等功能于一体，分为A、B两区，20000多平方米的购物空间，每一层都有不同的主题和特点。这里购物环境舒适宽敞，还有灯光营造气氛，使购物也成了一种轻松休闲的享受。

TIPS

台湾省台北市复兴南路一段39号 乘捷运板南线或木栅线忠孝复兴站下 02-6600-8888 ★★★★

06 彰艺坊

偶戏人物艺术品专营店

彰艺坊是一家出售台湾传统偶戏人物及艺术品的商店。这里的老板就出身偶戏剧团世家，他们秉承了传统的偶戏文化，坚持全手工制作及刺绣。做出来的偶人个个都惟妙惟肖，精美非凡，每一尊偶人无论形神都各不相同，好像都有自己的生命一般。除了偶人外，这里还会出售绣有传统花纹的各种工艺品，将台湾文化中最传统的一面展示给每个人。

台湾省台北市敦化南路一段245号 乘捷运板南线忠孝敦化站下 02-2775-5977 ★★★★

07 建国南路周末市场 买

鱼龙混杂的玉器市场

TIPS

台湾省台北市建国南路铁道桥下方 周末乘捷运板南线忠孝新生站3号出口下，换乘免费巴士建国花市接驳专车 ★★★★

建国南路周末市场位于建国南路铁道桥下，每到周末这里才会开张营业。市场以仁爱路为界，仁爱路以北为玉器市场，以南则是花市和民间工艺品市场。这里的玉器鱼龙混杂，想要淘到宝只能靠自己的眼力和运气。而花市里则摆满了各种香气扑鼻的南国花卉，阵阵芬芳让人陶醉不已。而工艺品市场则是外地游客的最爱，各种传统的小饰品是馈赠亲友或自用的上佳选择。

08 华山创意文化园区 赏

酒厂改建的文化园区

华山创意文化园区是由日据时期始创的台湾酒厂改建而来的。酒厂迁址以后这里就被改造成为一处文化园区。这里有大量仓库，每一座仓库都是一处富有特色的工作室。年轻的艺术家们就是在这里尽情发挥他们的才情，通过这里时常举办的艺术展览，将自己的艺术巧思展示给每一位观众。这里散发着浓厚的艺术气息，是很多现代年轻人最推崇的地方。

TIPS

台湾省台北市八德路一段1号 乘捷运板南线忠孝新生站1号出口出站 ☎02-2392-6180 ★★★★

09 松山慈佑宫 赏

台北人的信仰中心之一

松山慈佑宫始建于清乾隆年间，经过多次扩建后，如今规模已达600多平方米。这里最引人注目的地方就是屋顶上大量的精美雕塑，除了龙形和花卉等图案外，更多的是历史和神话人物。雕塑各个造型精致，栩栩如生。正殿内供奉着主神妈祖，还有土地公、注生娘娘等神陪祀。每到节假日这里都香火鼎盛，是台北人过节拜神的主要去处。

TIPS

台湾省台北市八德路四段761号 乘捷运永春站下车 ☎02-2766-9212 ★★★★

10 光华玉市

繁华的玉器市场

台湾省台北市八德路一段　乘捷运板南线忠孝新生站下　★★★★

光华玉市位于台北松山区八德路一段和新生南路的交叉口，这里地处繁华的光华商圈，人流量很大。从很早开始就有不少古董商和小贩在这里摆摊设点销售古董玉器，后逐渐形成如今的光华玉市。这里出售的玉器有大有小，品种繁多，而且价格的弹性很大，全靠客人的砍价功夫。不过如果想以最便宜的价格买到质量好的玉器，一定的知识和眼光是必不可少的。

11 安和路

逛

灯红酒绿的夜店街

安和路位于忠孝东路四段和仁爱路之间，这里是台湾知名的夜店街。沿街两侧都是烧烤店、咖啡店、啤酒馆和日式居酒屋，还有不少各具特色的小酒吧。每到夜幕降临这里都会亮起五彩霓虹，人们在这灯红酒绿和光影交织中尽情地释放自己的激情，用来消除工作一天带来的疲劳。

TIPS

台湾省台北市忠孝东路四段和平行的仁爱路之间　乘捷运在忠孝敦化站出站　★★★★

12 茶街

饮茶休憩的好地方

茶街就位于忠孝东路上，是一条不起眼的小巷子。但在这条巷子里却满满当当地排列着十多家销售茶叶的店铺和茶馆。不少市民就坐在茶馆里叫上一壶茶，打打牌，聊聊天，过得十分惬意，而不好饮茶的年轻人则喜欢这里的饮料和简餐。茶街是很受台北年轻人欢迎的休闲聚会的场所。

台湾省台北市忠孝东路四段181巷7弄　乘捷运忠孝敦化站1号出口出站　★★★★

13 九如

品尝江浙地区的美味

TIPS

台湾省台北市松山区仁爱路四段69号 乘捷运板南线忠孝复兴站下 02-2751-7666 ★★★★

九如是一家经营中式饭菜的餐厅，主营江浙地方的美食。这家店在台北好多地方都开有分店。这里将江浙、上海一带最有名的菜引进来，并针对台湾人的口味进行了改良，成了现在很受人们欢迎的名店。这里门面很大，里面更是人头攒动。这里出售的粽子和汤圆最为有名，粽子香糯可口，汤圆皮薄馅足，都是值得一吃再吃的美味。

14 国父纪念馆

孙中山先生的纪念馆

TIPS

台湾省台北市仁爱路四段505号 乘捷运板南线中山纪念馆站下 02-2758-8008 ★★★★

国父纪念馆位于台北信义区仁爱路，是为了纪念革命先行者孙中山先生而建的。纪念馆高30米，周长400余米。每一边都有14根灰色大柱支撑起了黄色的翘角大屋顶，显得巍峨庄严。孙中山先生的铜像端坐在一层大厅中，台座上镌刻着孙先生所题的“天下为公”四个大字。大厅左右是史迹陈列室，保存有《国民政府建国大纲》和中华民国临时大总统印玺等珍贵文物。楼上还有孙逸仙图书馆，馆藏图书丰富，全年供民众阅览。

TIPS

台湾省台北市大安路一段 乘捷运板南线忠孝敦化站下 ★★★★

15 大安夜市

品尝美味小吃的好去处

位于大安路的大安夜市毗邻繁华商业区，每到天黑，这条长约百米的夜市街人流熙攘，热闹非常。在大安夜市可以品尝到米粉汤、卤肉饭、炸鸡排、甜不辣、现炒小菜等各式美味小吃，是品尝夜市小吃的好去处。

16 台北清真寺

台湾第一座清真寺

台北清真寺是台湾的第一座清真寺，占地千余平方米。这是一座典型的伊斯兰风格建筑，巨大的拱形门楼和左右两侧的绿色穹顶交相辉映。主体建筑是礼拜大殿，可以同时容纳超过1000人进行礼拜。大殿南北侧还各有一座高耸入云的宣礼塔，里面设有楼梯可供攀登，登临塔顶可以远眺市内风景，很是壮观。

台湾省台北市新生南路二段62号 乘捷运木栅线大安站下
02-2392-7364 ★★★★

17 大安森林公园

台北市的天然绿肺

大安森林公园位于台北大安区，曾经是这里最大的公园。公园内主要分为竹林区、榕树区、香花区、水生植物区、带状林区、水池假山区、露天音乐台、儿童游戏区和停车场等多个部分。这里将自然植物和人工景观完美地融合在一起，为身处水泥都市森林中的人们提供了呼吸新鲜空气的绿地和运动休闲场所。在公园内还有很多来自世界各地的特色植物，让人大开眼界。

TIPS

台湾省台北市新生南路二段1号 乘捷运木栅线大安站下
02-2700-3830 ★★★★

18 临江街夜市

交通便利的夜市

临江街夜市虽然不如与它相交的通化街夜市那么有名，但也是一处非常热闹的夜市。由于临近信义商圈，交通便利的同时也引来了不少前来信义商圈购物的游客。不论是经典的台湾小吃还是琳琅满目的小工艺品，或是五花八门的流行服饰都应有尽有。每到晚上，五光十色的招牌都会不停闪动，将这里装点成一处不夜之城。

台湾省台北市林江街和通化街交会处 乘捷运木栅线六张犁站出站 ★★★★

TAIWAN GUIDE

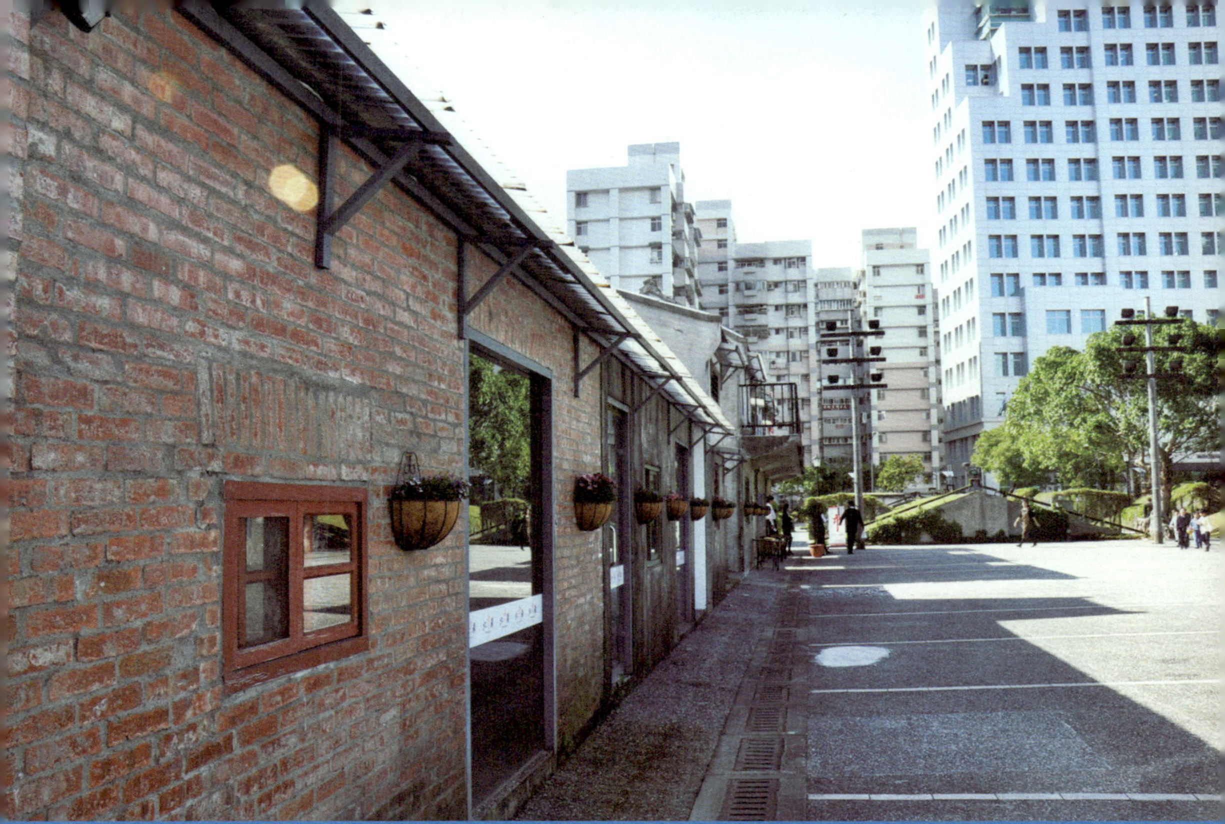

Tai Wan

畅游台湾

7

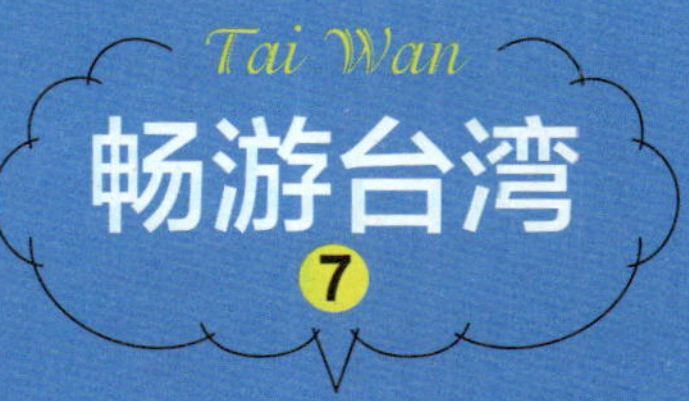

台北101大楼

台北101大楼位于台北最知名的信义商圈，周围不仅有新光三越信义新天地、信义诚品旗舰店等大型商厦，还有台北市政府、威秀影城、NEO19购物商场等，是台北市顶尖热门的商圈。

01 台北101大楼

曾经是世界第一高楼

台北101大楼曾经是世界第一高楼，是一幢集办公、娱乐、休闲、购物等功能于一身的摩天大楼。从大楼的地下1层开始往上分布着很多特色商店，外墙多变的灯光更是一绝，不管白天还是黑夜，这里都散发着无穷的迷人光彩。

TIPS

台湾省台北市信义区市府路45号 乘捷运市政府站下，步行或换乘32、537、蓝5、蓝10、台北101接驳车 02-8101-7777 观景台门票800新台币 ★★★★★

看点01 巨型阻尼器 防止大楼晃动的设施

因为101大楼极高，为了应对高空强风及台风造成的摇晃，大楼内特别设置了巨大的“调谐质块阻尼器”，这种阻尼器就是几个大圆铁球，利用其摆动来减少大楼的晃动。在观景台上即可看到世界最大阻尼器的身影。

看点02 观景台 遍览台北市内景色

101大楼的观景台是这里最重要的设施，通过两部超高速电梯可以在1分钟之内抵达这里。在观景台上设有语音导览柜台、冰淇淋商店、纪念品商店、阻尼器参观区等，另有世界最高的信箱。分布在四周的40倍望远镜更是能将台北市景看得一清二楚。

看点03 台北101购物中心

汇集全世界名牌的购物中心

101大楼从地下1层到地上4层均为购物中心，在购物中心里汇集了来自全世界的新潮商品和风味美食，各种世界知名品牌在这里会聚一堂，可谓琳琅满目。在4层还有一处休闲空间，分布着为数不少的咖啡厅和餐厅。

02 信义商圈 逛

台北标志性的商业区

TIPS

台湾省台北市信义区 乘20、28、32、46、62、202、261、263、266、270、277、281、284、294、311、525、537、611、612、647、650、651、665、669路公共汽车 ★★★★★

信义商圈是目前台北最具标志性的繁华商业区。白天这里是一个生活节奏很快的金融中心，而到了晚上这里又摇身一变成为灯红酒绿的时髦都会。以台北101大楼为中心，分布着数十家大型商家，饭店、时尚餐厅等更是数不胜数。这里宛如一颗钻石在台北的夜色中熠熠生辉。

03 信义威秀影城 玩

前卫的连锁影城

威秀影城是华纳兄弟公司在世界范围内的连锁影城。这里设施先进，装饰前卫。影城内共分17个放映厅，都装配了超大广角弧形银幕以及球场排列方式的座椅，环境十分舒适。此外在影院里还能看到很多华纳电影中兔巴哥、蝙蝠侠等著名角色的塑像，是小孩子们最喜欢的场所。

TIPS

台湾省台北市松寿路18号 乘捷运板南线市政府站2号出口出站 02-8780-5566 ★★★★★

04 纽约&纽约展览购物中心 

兼具展览和购物功能的购物中心

纽约&纽约展览购物中心位于信义商圈，这里兼具艺术展览和购物的功能。在这里能找到世界各大品牌专营店，在别处看不到的商品在这里也都有售。每逢周末、节日这里都会有大型特卖会，更会有很多新奇活动等待着顾客。

台湾省台北市信义区松寿路12号 乘捷运市政府站下 02-8780-8111 ★★★★★

05 四四南村历史保存公园 玩

体验老眷村风貌

TIPS

台湾省台北市松勤街50号 乘捷运板南线市政府站下 02-2723-9777 ★★★★★

四四南村是台湾第一个眷村社区，2000年因为信义规划区改造，住户全部迁走。但在文化界人士的奔走下，这里保留了一些历史建筑，成了保护公园。这里沿街的房屋都很低矮，排列方式好像鱼刺一般。每幢房子上都留下了岁月刻下的深深印迹，是一些怀旧的人们流连忘返的场所。

06 台北探索馆 

探寻台北的发展轨迹

TIPS

台湾省台北市市府路1号市政大楼西区低层栋1~4层 乘277、32、20、46、284、611、612、621、28、647、202、266副、261、263、270、311（蓝）路公共汽车，长庚大学台北客运、捷运线蓝5、蓝10、蓝27至市府站下 02-2757-4547 ★★★★★

台北探索馆是由昔日的台北市政馆改造而来的，这里主要以探寻台北的昔日发展轨迹，推广科技教育、历史教育、艺术教育为主。四个楼层分别有四个主题，让游客不必走遍台北的大街小巷也能轻松地了解到台北的自然生态、人文、社会的发展动态。

07 五分埔服装批发市场 买

价廉物美的服装批发市场

TIPS

台湾省台北市饶河街 乘7、205、207、306、605路公共汽车在饶河街口下 ★★★★★

五分埔服装批发市场的历史相当悠久，从20世纪六七十年代开始就有很多商铺在这里批发成衣，慢慢形成了如今1000多家成衣店的规模。这里的成衣货源来自中国台湾、香港以及日本、泰国甚至欧美等地。质优价廉是这里的特色，只要货比三家，每个人都能买到自己心仪的服饰。

08 饶河街观光夜市 逛

台北最受欢迎的夜市之一

饶河街观光夜市从八德路与抚远街交叉口一直延伸到慈佑宫，长达600米，号称台北最受欢迎的夜市之一。香味扑鼻的小吃摊自然是这里最吸引游人的地方，无论是鲜美的古早豆花、蚵仔面线，还是可口的土耳其冰淇淋和药炖排骨，样样有人气，店店排长队。此外这里各种价廉物美的服装摊也是很有人气的，样式繁多令人目不暇接。

台湾省台北市饶河街 乘26、205、207、286、306、605路公共汽车在饶河街口 02-2763-5733、02-2766-3676 ★★★★★

09 虎山自然步道 玩

水光山色的步行道

虎山自然步道位于四兽山之一的虎山上，紧邻虎山溪。这里山清水秀，一进步道口就能听见潺潺的溪流声，目光所及之处都是绿树，丛林之中鸟叫蝉鸣不止，让人心情得到极大的放松。除了步道外，这里还依据自然条件，用自然原石堆出戏水平台，并设置长廊拱桥等景观，让游人们能玩得尽兴。

台湾省台北市信义区福德街251巷底 ★★★★★

TAIWAN GUIDE

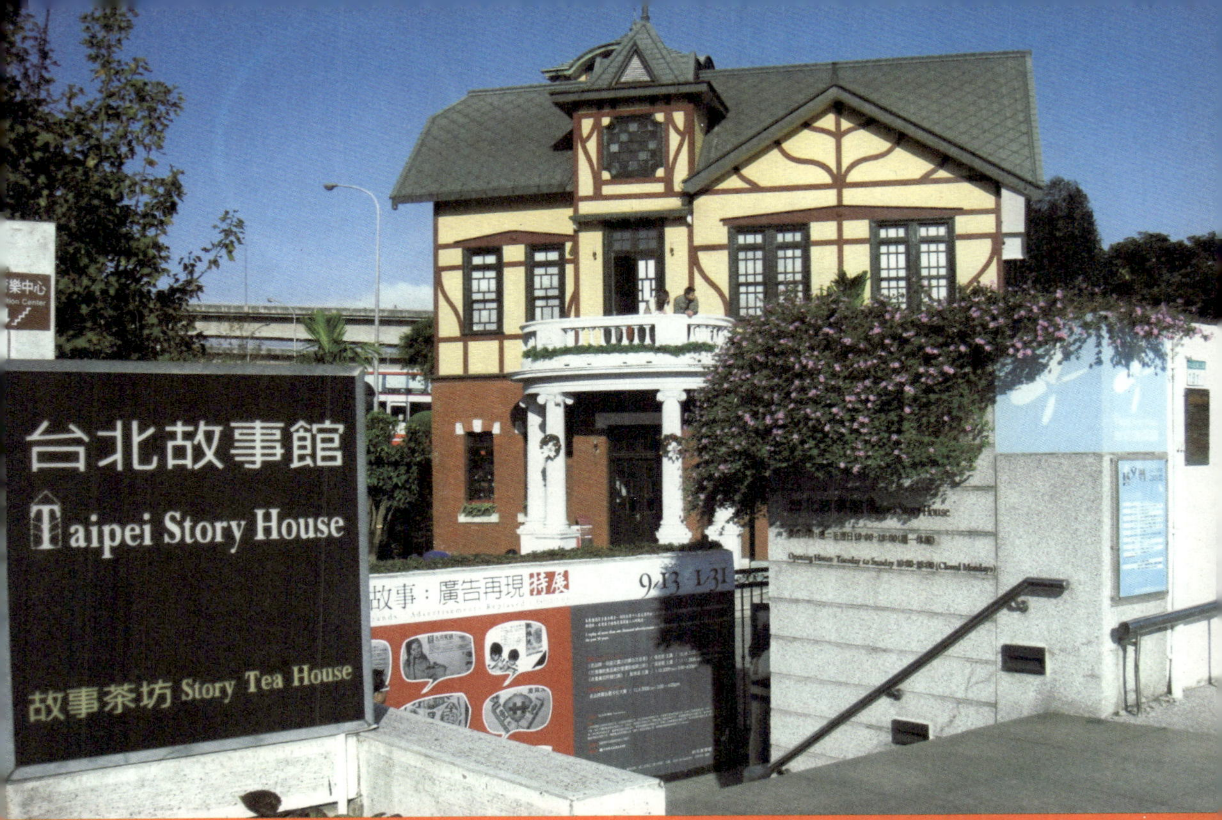

Tai Wan

畅游台湾

8

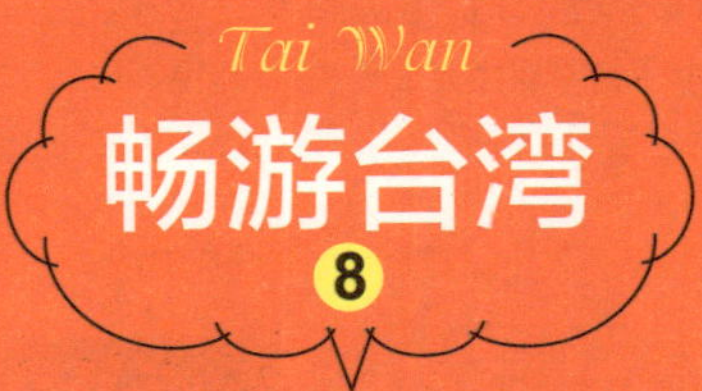

台北中山北路&圆山

中山北路一带是台北公认“最好逛”的商业区之一，沿街大量充满个性的商家和美味餐厅都让人流连忘返。圆山则是一处适合观光的地区，周围有台北故事馆、市立美术馆、圆山大饭店、林安泰古厝等景点。

01 树火纪念纸博物馆

台湾第一座纸博物馆

树火纪念纸博物馆是台湾第一座纸博物馆。在这里会现场展示造纸的过程以及手工抄纸、烘纸的过程。四层的展示空间将纸的发明及传播历史、台湾造纸的历史以及纸的科学游戏、纸艺品贩售等全部展现了出来，是传统纸文化的大集萃。

TIPS

台湾省台北市中正区长安东路二段68号 乘捷运板南线忠孝新生站下 02-2507-5535 180新台币 ★★★★★

02 蔡瑞月舞蹈研究社

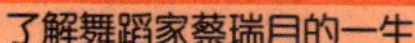

了解舞蹈家蔡瑞月的一生

蔡瑞月是台湾著名的舞蹈家，台湾现代舞蹈的先驱。她所倡导的舞蹈研究社前身是日据时期的文官宿舍，也是周边唯一的一幢日式传统建筑。里面展示了台湾现代舞生根发芽的过程，并通过蔡瑞月女士的影像资料展示了她多舛的一生，让人了解了台湾舞蹈发展和进步的历史过程。

TIPS

台湾省台北市中山北路二段48巷10号 乘捷运淡水线双连站下 02-2523-7547

03 台北之家

美国风格的建筑

台北之家是从前“美国驻台公使官邸”的所在地，这是一幢两层楼的西式建筑，外观为白色，希腊式的庭柱和回廊显得十分高雅，建筑整体带有美国南方的殖民风格。在经过长时间的闲置之后，这里经过重新修整开放给游人，作为一处古迹供人参观。

TIPS

台湾省台北市中山北路二段18号 乘捷运淡水线中山站下 02-2511-7786 220新台币 ★★★★★

04 台北市立美术馆 赏

展览现代艺术的美术馆

TIPS

台湾省台北市中山北路三段181号 乘 21、40、42、47、208、216、217、218、220、224、247、260、268、277、279、287、294、308、310、612、中山线等路公共汽车在圆山站下 02-2595-7656 30新台币 ★★★★★

台北市立美术馆是台湾第一座以展览现代艺术为主的美术馆，共分为26个室内展览室、12个雕塑展示区。馆内现藏有3000多件作品，包括雕塑、版画、油画、素描等13类。除了展馆外，这里还有餐饮部、视听室、研讨会、影片放映室、美术图书室等设施。每年这里都会举行各种主题的展览，是艺术爱好者们的必来之地。

05 台北故事馆

古老的“童话奶油屋”

位于圆山东侧的台北故事馆是一幢英国都铎式洋楼。建筑的1层为砖结构，2层为木结构，因其色彩鲜艳，好像童话里的建筑一般，因此也被称作“童话奶油屋”。这里每年都会举办很多怀旧主题的展览，在这间老房子里讲老故事实在是再合适不过了。同时这里也是很多新婚夫妻拍摄婚纱照的浪漫取景地。

TIPS

台湾省台北市中山北路三段181-1号 乘捷运淡水线圆山站下 02-2587-5565 30新台币 ★★★★★

06 圆山大饭店 赏

台北最豪华的大饭店

台湾省台北市中山北路四段1号 乘捷运淡水线圆山站1号出口出站后换乘穿梭巴士 02-2886-8888 ★★★★★

圆山大饭店的原址在日据时期是台湾神社，现在这里是清一色的中式建筑。圆山大饭店是中国宫殿式格局，分为正楼、金龙厅、翠凤厅与麒麟厅等，装饰上采用了相当多的龙形雕刻，还有石狮、梅花等常见图案做辅助。装潢富丽豪华，金碧辉煌，墙上还用了很多传统名画作为装饰，也被台北人称为“龙宫”。

07 台北当代艺术馆 赏

将古今结合在一起的艺术馆

台湾省台北市长安西路39号 乘捷运淡水线中山站1号出口出站 02-2552-3721 50新台币 ★★★★★

2002年5月开幕的台北当代艺术馆以其现代前卫的欧式风格和传统严谨的日式风格相结合而闻名。艺术馆将古迹、艺术、科技三者完美结合在一起，分为常设展区和专题展区两大部分，向每一个前来的游客介绍最新的现代艺术。艺术馆虽然身处深巷，但也能不断散发出现代艺术的光彩。

08 圆山神秘地道

供重要客人躲避危险的神秘地道

在圆山饭店的西侧有一条当年专供蒋介石使用的秘密地下通道，通过这里可以直达饭店外。据说当年这里一直都有汽车随时准备接送蒋介石。这里防护严密，可以抵抗核武器的攻击。由于这里只对少数重要客人开放，大众至今无法一睹其全貌，所以这里还是充满了神秘的色彩。

TIPS

台湾省台北市中山北路四段1号 乘捷运淡水线圆山站1号出口出站后换乘穿梭巴士 02-2886-8888 ★★★★★

09 宁夏路夜市

台北夜市的起源

宁夏路夜市可以说是台北各个夜市的起源。在这里摆摊的摊贩大多都是经营了几十年的老店，都有各自独特的风味。其中赤肉蒸饺、沙拉船、蚵仔煎、鸡肉饭、蚵仔面、沙拉鱼卵、鱼翅肉羹、猪脚面、麻辣豆腐等小吃更是让人垂涎三尺，以至每天都是摊摊客满。

TIPS

台湾省台北市宁夏路 乘捷运淡水线中山站出站 ★★★★★

10 林田桶店

老字号木桶店

TIPS

台湾省台北市中山北路一段108号 02-2541-1354 ★★★★★

林田桶店是一家经营木桶长达80年的老字号，有点掉漆的大招牌下面摆满了各种大小木桶。所有的货品都这样自然地堆放在一起，让人有一种怀旧的温馨感。这里的木质产品都是用台湾当地的上等桧木手工制成，除了木桶外，人们日常用的盥洗器具、厨房用品等也应有尽有，而且价钱便宜，买回去馈赠亲友很合适。

11 叙旧布袋戏茶饭剧场 吃

布袋戏主题餐厅

叙旧布袋戏茶饭剧场是台湾首创的布袋戏主题餐厅，将台湾传统的布袋戏融入用餐当中，这也是推广布袋戏传统艺术的方式。餐厅里主要以提供传统的台式料理健康茶饮为主，在用餐的过程中还能看到精彩的布袋戏表演，甚至还能和表演者进行互动，不管是大人还是小孩都能乐在其中。

TIPS

台湾省台北市伊通街106巷7号　乘捷运淡水线中山站下　02-2506-7447　★★★★★

12 大稻埕 逛

台北最繁华的三街市之一

大稻埕是台北曾经最繁华的三街市之一，直到日据时期这里都是台北发展最快、人流最密集的繁华地区。迪化街、永乐市场等老商业街都位于这里，此外还有霞海城隍庙这样的信仰中心。同时这里也是台北文化的启蒙地，各处总有京剧、话剧、布袋戏、歌仔戏等节目在上演。

TIPS

台湾省台北市迪化街　乘捷运淡水线双连站下　★★★★★

13 迪化街

风格混杂的商业老街

迪化街是台湾很具历史的商业老街，街上的老宅各有特色，闽南、洋楼、现代主义、巴洛克式的风格应有尽有。如今的迪化街依然是南北货、中药和布匹的主要集散地。这里的老板衣着简朴，好像邻家的大叔，但是说不定就拥有数十亿元的身价。这种传统、低调、不张扬的性格正是老台湾人所拥有的特质。

TIPS

台湾省台北市大同区迪化街　乘9、206、255、274、302、304路公共汽车南京西路口站下　02-2720-8889　★★★★★

14 慈圣宫

大稻埕的两大古庙之一

慈圣宫和霞海城隍庙并称大稻埕的两大古庙。这里正面对着旧时商行往来贸易的重要地点——大稻埕码头，所以宫里供奉着商人们出海的保护神妈祖。慈圣宫的屋顶十分漂亮，分作两层，第一层雕刻了福禄寿三星和虎豹狮象等动物的图案，第二层则是传统的八仙图案，都是祈求吉祥如意的。正殿内妈祖神像高大精美，还陪祀着关帝、观音等神。

TIPS

台湾省台北市大同区保安街49巷17号 乘捷运民权西路站下 02-2553-6608 ★★★★★

15 霞海城隍庙 赏

台北供奉神像最多的城隍庙

TIPS

台湾省台北市迪化街一段61号 乘捷运淡水线双连站下 02-2558-0346 ★★★★★

霞海城隍庙位于台北大同区，至今已经有150多年的历史。其最大的特点就是在庙宇中供奉了近600尊神像，除了主祀的城隍爷外，还有旁祀城隍夫人、月下老人、八司官、文武判官、范谢将军、八将、马使爷及义勇公等诸神。每年5月这里都会举行盛大的祭典，素有“三月妈祖，五月看城隍”之称。

16 永乐市场 买

最大的布料市场

永乐市场坐落于迪化街一带，这里原为一座花园，在日据时期被改造成市场。如今这里是全台北最大的布料市场。在商场大楼前两层里摆着五颜六色的布料，上百家布店分布其间。3层就是裁缝店，在楼下选购好了中意的布料拿到楼上就可以做成漂亮的衣服、窗帘、床罩等，实在是很方便。

TIPS

台湾省台北市迪化街一段21号2~3层 乘捷运淡水线双连站出站后换乘206、274、518、669路公共汽车在南京西路路口站下 ★★★★★

17 中山北路名品街

最具文化底蕴的街道

中山北路是台北市内最具文化底蕴的一条街，透着异国风情的林荫道更是令人神往。如今随着大量创意工坊的进驻，这里也成了一处购物休闲的街道。同时这里也是世界各大名牌精品的荟萃之所，LV、GUCCI、香奈儿、Coach、YSL等国际知名品牌的台北旗舰店都驻扎在这里。

TIPS

台湾省台北市中山北路二段 ★★★★★

18 光点台北

讲述古迹和电影交织的魅力

TIPS

台湾省台北市中山北路二段18号 乘捷运淡水线中山站4号出口出站 02-2511-7786 ★★★★★

位于中山北路的光点台北是一处很具艺术氛围的地方。这里是由台湾知名导演侯孝贤带领台湾电影文化协会，结合古迹魅力与电影艺术，重塑出来的创意交流场所，这里以各种古迹见证了台北100年来的历史。无论是由前美国公使官邸改造的台北之家，还是由日本人小学改造的当代艺术馆都充满了现代艺术的魅力，让普通民众也能很简单地和艺术接触。

19 王德传茶庄

百年老茶庄

王德传茶庄是台湾经营百年的精品茶店，这里的茶全是茶庄老板走遍全台湾收集来的珍贵好茶叶，并对所有精挑细选的茶叶用炭火烘焙，使茶叶的香气和味道能达到一个最佳的平衡点。在做出好茶的同时，这里还致力于推广茶文化，让爱好咖啡或是红茶的年轻人喜欢上中国传统茶的味道。

TIPS

台湾省台北市长春路12号 02-2561-8738

★★★★★

20 六条通

台湾的歌舞伎町

六条通位于中山北路一段，早在日据时期这里就是日本人主要的聚集场所。那种日式风情和东京的歌舞伎町极为相似。沿街林立的日式居酒屋是这里最大的特征，现在还衍生出了酒吧、迪厅、卡拉OK等店。而各种日式风味的小餐馆，更是吸引人们的好地方。

TIPS

台湾省台北市中山北路一段 ★★★★★

21 九条通 吃

日式居酒屋一条街

TIPS

台湾省台北市中山北路九条通 乘捷运淡水线中山站下

★★★★★

九条通附近在日据时期是日本人的住宅区，也称作大正町。在这里有9条一字排开的横街，日式料理店、居酒屋、酒吧及夜店林立。其中第9条即九条通，这里几乎全是日式酒店，在这里喝上一口清冽的清酒，吃一些日式料理，约上两三好友围坐着畅谈，那真是惬意的享受。

22 台北孔庙 赏

台北最大的孔庙

TIPS

台湾省台北市大龙街275号 乘指南2、指南5、40、41、201、215、223、250、288、302、304、601路公共汽车指南街口下 02-2592-3934 ★★★★★

台北孔庙始建于清光绪年间，采用了和曲阜孔庙一样的布局和结构，梁柱门窗上皆未刻字，显得简朴而庄重。万仞宫墙、泮池、棂星门、仪门、大成殿及崇圣祠等建筑一应俱全。正殿大成殿中供奉着孔子的牌位。每年9月这里都会举行大规模的祭孔大典，十分隆重。

23 台北戏棚 赏

欣赏传统表演艺术的剧院

TIPS

台湾省台北市中山北路二段113号 乘捷运淡水线民权西路站出站 02-2568-2677 880新台币 ★★★★★

位于中山北路台泥大楼内的台北戏棚是一处可近距离欣赏传统表演艺术的剧院。每逢周五、周六晚上这里都会有公演，演出内容包括传统艺术，如歌舞、戏法、戏曲、曲艺、音乐、少数民族舞蹈等，涵括了台湾艺术的各个方面。不光是国际游客，就连台湾本地人都常来这里接受传统艺术的熏陶。

24 林柳新纪念偶戏博物馆 赏

弘扬传统的偶戏文化

林柳新纪念偶戏博物馆位于西宁北路，这里继承并发扬了台湾传统的偶戏文化。博物馆内的展示空间内规划出了雕刻工坊、DIY教室、偶戏特展室、精品典藏空间以及表演厅，共收藏着5000多套中西方偶戏文物。每周这里还会举行小型的偶戏公演，在传统戏目中加入了大量现代元素，不管是老人还是年轻人都能看得津津有味。

TIPS

台湾省台北市西宁北路79号 乘捷运淡水线双连站出站
02-2556-8909 120新台币 ★★★★★

25 临济护国寺 赏

最古老的日据时期建筑

临济护国寺位于圆山公园西侧，是现今台北日据时期的建筑中最古老的一座。这座寺庙是日本江户时期的寺庙建筑风格，虽然久经风霜，保存下来的只有大雄宝殿一间，但是依然能依稀看出日式佛堂的样貌。在山门处还有一对石狮，据说摸一摸会给人带来好运，所以狮子身上已经是十分光滑了。

TIPS

台湾省台北市酒泉街27号 乘捷运淡水线圆山站出站
★★★★★

26 保安宫

祭祀医药神的庙宇

保安宫俗称大龙峒大道公庙，这里主要是祭祀道教神保生大帝的庙宇，也是台湾北部最重要的庙宇之一。保安宫坐北朝南，有三川殿、保安殿和神农殿三座殿堂，两侧分别还有祭祀孔子、关帝、佛教三宝佛和道家三清的偏殿。平日会有很多信徒来到这里为家人祈求健康平安。

TIPS

台湾省台北市哈密街61号 乘2、9 、21、223、246、250、255、302、304副线、601、669、红33路公共汽车重庆北路酒泉街口站下 02-2595-1676 ★★★★★

27 林安泰古厝

赏

保存最完整的古厝建筑

林安泰古厝是现今台北保存最完整的古厝建筑。古厝整体是一幢四合院结构建筑，前埕有月眉池，池前铺满了压船舱用的红普石。因为林家本是从事航海贸易出身，这种船上使用的材料正说明了他们的家世。正屋前低后高，布局严谨，主次分明，而且房屋结构合理，冬暖夏凉。细部的装饰也很精致，是台湾民居中少有的精品。

TIPS

台湾省台北市中山区滨江街5号 乘72、203、246、280、642路公共汽车、敦化线民族东路路口站下 02-2598-1572 ★★★★★

28 忠烈祠

赏

仿太和殿建造的忠烈祠

TIPS

台湾省台北市中山区北安路139号 乘21、42、208、213、247、267、287路公共汽车忠烈祠站下 02-2885-4162 ★★★★★

位于圆山的忠烈祠是以日据时期的护国神社为基础而建成的，但是和其他地方的忠烈祠都保留了原有日式风格的建筑不同，这里的建筑完全是中式结构。尤其是其主建筑是仿造故宫太和殿而建，气势雄伟，金碧辉煌。四周群山拱卫，青草萋萋，更是凸显庄重肃穆的感觉。

TAIWAN GUIDE

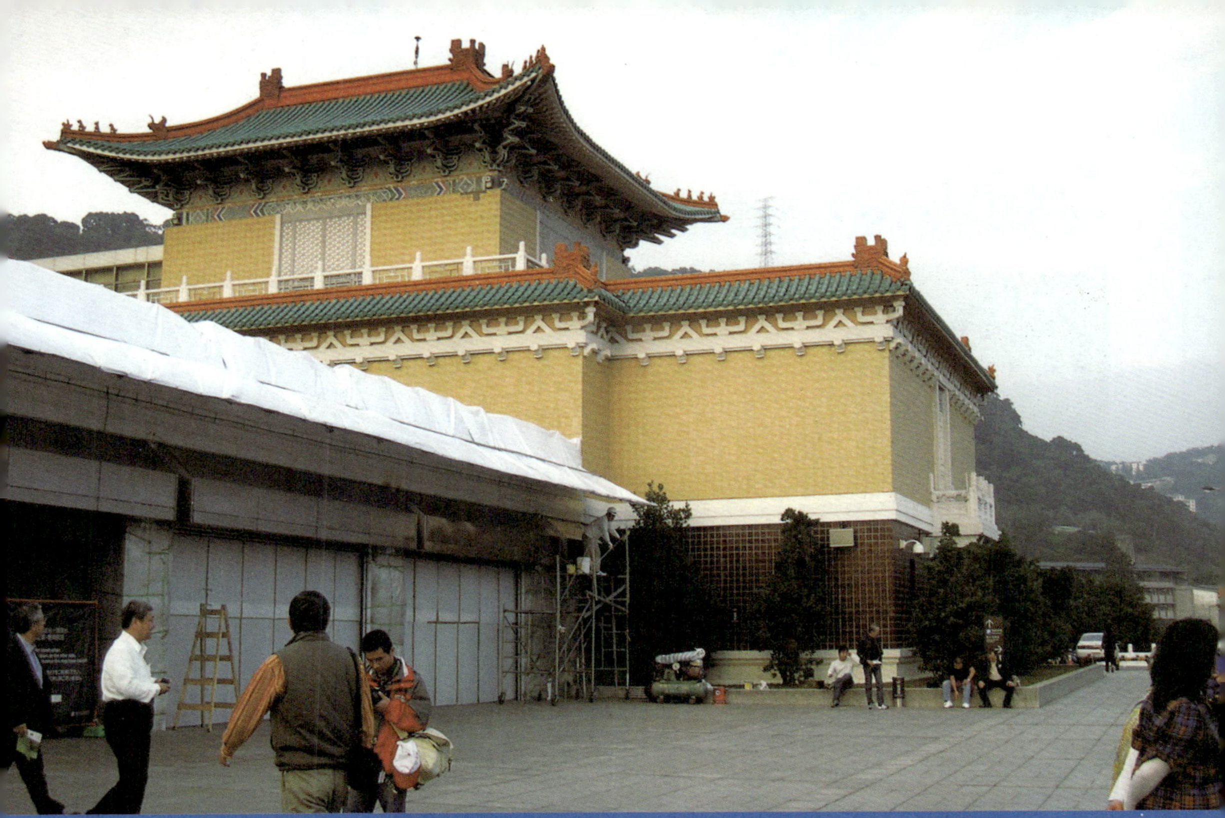

台北士林

士林的地名据说源自这里自古文风鼎盛，士子如林。现今这里汇集了众多名胜古迹，“台北故宫博物院”内更是收集了数不清的珍贵文物。此外，士林地区的天母商圈充满了异国情调，适合逛街购物。

01 士林夜市

台湾最有名的夜市

台湾的夜市文化远近闻名，而士林夜市则是台北规模最大的夜市，也是全台湾最著名的夜市之一。各地游客来到台北后必去的士林夜市最初只是慈诚宫庙前的一处小集市，之后逐渐发展成为现今的大型夜市，并以种类丰富的小吃美食而闻名，堪称台湾美食的荟萃地。此外，士林夜市还有经营各式服装、饰品、鞋帽、玩偶、唱片等商品的摊位，甚至有电影院、游乐场和KTV，在购物和享受美食之余还可休闲娱乐，充满独特风情。

TIPS

台湾省台北市基河路60号　乘捷运淡水线剑潭站出站后步行即可到达
02-2882-0340　★★★★★

02 士林官邸

赏

蒋介石在台北的故居

士林官邸的前身是士林园艺试验分所的一部分，1950年之后蒋介石一直和家人居住在这里，直到1996年才开始对公众开放。士林官邸的建筑分为外花园、内花园和正房三部分，其中位于外花园的玫瑰园区每到花开时都是花团锦簇，空气中弥漫着淡淡香气，令人心旷神怡。此外，由于蒋介石家人信教，士林官邸内庄严肃穆的凯歌堂还是蒋介石夫妇做礼拜的地方，蒋家后代也都是在这里受洗和举行婚礼的。

TIPS

台湾省台北市福林路60号　乘捷运淡水线士林站下，步行即可到达　02-2881-2512　★★★★★

03 台北故宫博物院

中华文化宝库

赏

外观为中国传统宫殿式建筑的台北故宫博物院是世界知名的博物馆之一，馆内的展厅共有三层，收藏了宋、元、明、清各个朝代的宫廷藏品70余万件，其中以陶瓷、书画和青铜器为主，各种图书典籍和工艺品也是价值连城，尤以翠玉白菜、肉形石和毛公鼎最闻名，堪称是一座涵盖了中国数千年灿烂历史的中华文化宝库。

TIPS

台湾省台北市至善路二段221号 乘捷运淡水线士林站下，转乘红30、255、304路，小型公共汽车18、19路"故宫博物院"站下 02-2881-2021 160新台币 ★★★★★

看点01 三希堂 古色古香的传统茶艺馆

位于台北故宫博物院4层的三希堂是一家古色古香的传统茶艺馆，以清代乾隆皇帝书房命名的三希堂内装饰有大型仿古书架和众多古董艺术品，在这里品茶之余，游人也可在阳台眺望周围风景。

看点02 至德园 古典别致的园林

与至善园相对应，位于"故宫"右侧的至德园入口是一处造型别致的圆形拱门，园内也是风景秀美，令人心情愉悦。

看点03 至善园 仿宋风格的优雅园林

位于台北故宫左侧的至善园是一处中国传统风格的仿古园林，园内楼阁亭台与池边小径将中国古典江南园林的美感表现得淋漓尽致，与园外绵延的青山相映成趣，是集小园造景精髓于大成的庭院佳作。

看点 04

张大千纪念馆

感受绘画大师的风范

张大千先生亲自设计的张大千纪念馆原称摩耶精舍。纪念馆内古色古香，不仅重现了张大千日常生活起居的环境，还有各种文字照片资料向游人展示张大千的生平，尤其值得一提的是画室内的挂钟一直停在张大千辞世的8:45。

看点 05

故宫精华

品尝皇室国宝宴

故宫精华是一处由晶华国际酒店管理集团管理，可品尝故宫国宝宴的餐厅。由台湾知名设计师姚仁喜设计的故宫精华别具特色，其独特的故宫国宝宴更是取材自台北故宫博物院珍藏的各式国宝艺术品，吃起来颇具特色。

04 顺益原住民博物馆

赏

了解台湾少数民族的文化习俗

成立于1994年6月的顺益原住民博物馆是第一座以少数民族为主题的私人博物馆，以收藏、展示、研究及推广台湾少数民族历史和物质文化为主题，分为人文与自然环境、生活与器具、衣饰与文化、信仰与祭仪四大主题区域。各种出土文物和文字资料、照片等展品向游人介绍了台湾少数民族的各种文化习俗。

TIPS

台湾省台北市士林区至善路二段282号 乘捷运士林站出站，至中正路转乘304、255路，小型公共汽车18、19路，假日休闲公共汽车101路即可到达 02-2841-2611 ★★★★

05 阳明山公园

台湾四大公园之一

TIPS

台湾省台北市北投区阳明山竹子湖路1-20号 02-2861-3601 ★★★★

海拔443米的“阳明山公园”以天然的溪谷、温泉、瀑布和森林著称，是台湾四大公园之一。阳明山公园分前山公园和后山公园，其中前山公园又称为中正公园，风景秀美，古迹众多；后山公园则以每年春季鲜花盛开，自然风光迷人著称。此外，阳明山地区还是中国知名的火山分布区，锥状、钟状火山体，火山口，火口湖等火山地貌随处可见，一同构成公园中独特的地质地形。

06 林语堂故居

赏

在故居中感受林语堂的“幽默”

位于阳明山上的林语堂故居由著名的建筑师王大闳设计，是一处蓝瓦白墙、拱门回廊的精致建筑。1966年林语堂来到台北定居后就一直居住在这里，并且形容这座宅院“宅中有园，园中有屋，屋中有院，院中有树，树上有天，天上有月，不亦快哉”。作为知名的语言学家、哲学家、文学家、旅游家以及发明家，以英文写作而扬名世界的林语堂非常幽默，游人在林语堂故居游览时，也可从众多文学作品中感受这位语言大师别具一格的“幽默”。

TIPS

台湾省台北市士林区仰德大道二段141号 02-2861-3003

20新台币 ★★★★

07 剑南路蝴蝶生态步道

了解蝴蝶的观光步道

剑南路蝴蝶生态步道位于北安路与剑南路交会处，现今剑南路蝴蝶生态步道沿途已有139种不同种类的蝴蝶，游人在这里可以沿途欣赏五彩缤纷的美丽蝴蝶，同时还可以从两面精彩的蝴蝶生态彩绘墙了解各种与蝴蝶相关的知识。

台湾省台北市中山区北安路805巷口 乘捷运剑南路站1号出口出站后步行大约5分钟即可到达 02-2553-2322 ★★★★

08 台北花市

逛

台湾第一家民营花卉市场

成立于1987年的台北花市是台湾省内第一家民营的花卉市场，1997年迁至现今所在地。游人在台北花市不仅可以欣赏和购买种类繁多的鲜花和植物，还可以选择众多园艺产品如肥料、工具等。

台湾省台北市内湖区瑞光路321号 乘捷运淡水线剑潭站出站，换乘267、286、620、902路公共汽车可到 02-2659-5729 ★★★★

09 剑潭古寺

历史悠久的古寺

TIPS

台湾省台北市中山区北安路805巷6号 捷运剑南路站1号出口出站后步行3分钟即可到达 02-2532-3834 ★★★★

郑氏家族统治台湾的时候兴建的剑潭古寺因寺中供奉观音大士，因而最初名为观音寺，清康熙五十六（1717）年寺院重修后更名为西方宝刹，之后在乾隆三十八（1773）年重建寺院时因其毗邻剑潭而改为剑潭古寺。现今这座古色古香的寺院中保留有众多清代石碑、送子观音石雕、十八罗汉金刚、古香炉等，游人在此可感受这座古寺悠久历史的厚重感。

10 天母商圈

逛

充满异国情调的繁华商圈

以天母广场为中心向四周延伸的天母商圈最初曾是在台北居住的外国侨民住宅区，台北的美国学校与日侨学校也都设立在天母，之后逐渐发展成异国风情浓郁的商业区，街上的招牌也多是外语标志，颇为醒目。有台北时尚风向标之称的天母拥有各国风味的餐厅以及品位时尚的流行服饰商家和众多咖啡厅、酒吧，深受年轻人喜爱。此外，天母还是台北的高级家具集散地，在这里可以买到众多古色古香的古董家具，在时尚现代的天母商圈颇为醒目。

TIPS

台湾省台北市中山北路六段、七段，天母东路、西路、北路与忠诚路之间 乘捷运石牌站出站，换乘红19路公共汽车至天母新村下车即达 ☎02-2720-8889 ★★★★

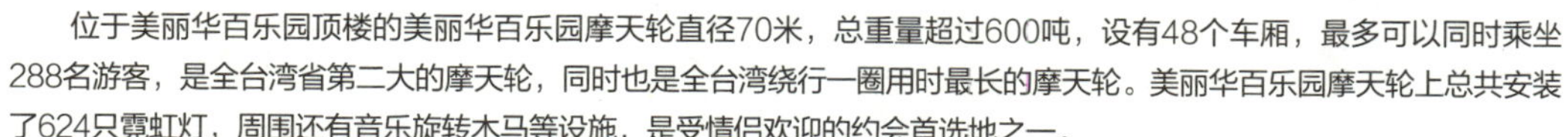

11 美丽华百乐园摩天轮

玩

台湾第二大摩天轮

位于美丽华百乐园顶楼的美丽华百乐园摩天轮直径70米，总重量超过600吨，设有48个车厢，最多可以同时乘坐288名游客，是全台湾省第二大的摩天轮，同时也是全台湾绕行一圈用时最长的摩天轮。美丽华百乐园摩天轮上总共安装了624只霓虹灯，周围还有音乐旋转木马等设施，是受情侣欢迎的约会首选地之一。

TIPS

台湾省台北市中山区敬业三路20号 乘捷运剑南路站2号出口出站后步行大约5分钟即可到达 ☎02-2175-3456 ¥200新台币 ★★★★

TAIWAN GUIDE

Tai Wan

畅游台湾 10

台北木栅&景美&深坑

木栅山区被绿色山脉包围，这里的台北市动物园被日本媒体誉为“全球十个最值得推荐”的动物园之一，而在这里运营的猫空缆车则素有“台北最美山线”之称。深坑以豆腐闻名，在不长的深坑老街上汇集了数十家经营豆腐的小店。

01 台北市动物园

亚洲数一数二的大型动物园

建于1914年的台北市动物园又名木栅动物园，最初动物园位于圆山，现今的新园区共分为户外展示区和室内展示馆两部分，是东亚地区规模最大的动物园之一。游人在园中可以观赏到来自世界各地的种类繁多的野生动物，如云豹和蓝腹鹇等在台湾省内近乎绝种的珍稀动物也可以在这里看到。

TIPS

台湾省台北市文山区新光路二段30号 乘捷运木栅线动物园站下 02-2938-2300 60新台币 ★★★★

02 猫空缆车

风光迷人的台北观光缆车

全长4.03公里的猫空缆车于2007年启用，是台北市第一条缆车，沿途设有6座车站，全程大约20分钟，游人可以在沿途鸟瞰猫空茶园、台北市动物园，而在快到猫空站时缆车以接近90度的直角向上攀升，游人此时可以远眺台北市区内的101大楼等景点，是一条沿途风光迷人的观景缆车。

TIPS

台湾省台北市文山区新光路二段8号猫空缆车动物园站1层大厅（猫空缆车游客中心） 乘捷运木栅线动物园站下 02-8661-8135 100新台币 ★★★★

03 猫空茶园

休闲假日浪漫首选

云雾缥缈的猫空地区由于地形和气候环境都适合栽植茶树，因而当地特产的猫空铁观音也颇为知名，进而带动了猫空独特的茶文化。在环山公路沿途遍布数十家休闲茶坊的猫空是众多台北人假日休闲的首选，全家老少、三五好友在猫空聚会喝茶，同时还可观云看雾，体验猫空独有的缥缈景致，或是在夜晚的时候俯瞰大台北都会区的迷人夜景，充满浪漫情调。

TIPS

台湾省台北市文山区猫空 乘捷运木栅线动物园站出站后，换乘欣欣客运棕15路至猫空站下 ★★★★

04 景美夜市

不可错过的美食夜市

景美夜市以景美街为主，整个夜市内汇集了数百家经营不同美味的摊贩，由于景美夜市毗邻新店、中永和工业区，以及政大、师大分部、世新、中科大等高校，因而经常有年轻学子光顾。夜市内也有众多经营唱片、服饰和鞋帽的摊位，价格低廉，颇具人气。

TIPS

台湾省台北市景文街163巷旁的公有市场内 乘捷运新店线景美站1、2号出口出站即可到达 ★★★★

05 木栅指南宫

台湾道教中心

最初建于清光绪十七（1891）年的木栅指南宫毗邻台湾政治大学，又被附近百姓称为仙宫庙，是台湾道教总部之一。依山而建的木栅指南宫内有凌霄宝殿、大雄宝殿、大成殿，另设有禅房、静室、祈梦室等建筑，其中大雄宝殿内供奉泰国佛祠，四周有数座佛坐像，是指南宫最雄伟的建筑。

TIPS

台湾省台北市文山区万寿路115号　乘捷运木栅线万芳医院站出站，再转乘指南客运1路总站下　02-2939-9922

★★★★

06 木栅老街

逛

古朴的清代老街

建于清乾隆年间的木栅老街历史悠久，在日据时期延伸至新店，又被称为木栅七张路。台湾光复后，木栅老街被命名为保仪路一段、二段，直至20世纪70年代末，这条老街在延长后又重新命名。几经拓宽延长的木栅老街全长700余米，沿街的商家和传统市集无不充满古朴风韵。

TIPS

台湾省台北市文山区保仪路　乘捷运木栅线木栅站出站

★★★★

07 仙迹岩

风景优美的自然公园

TIPS

台湾省台北市文山区景兴街243号 乘捷运新店线景美站出站后沿景中街步行即可到达 ★★★★

海拔100多米的仙迹岩因一块相传曾是八仙之一的吕洞宾留下的足迹形状的岩石而得名，当地百姓又称其为静美山。仙迹岩周围林木茂密，在山上的仙岩庙可以一览台北市南区的城市风光，也可欣赏夜晚璀璨绚丽的城市灯火。

08 深坑老街

别具特色的豆腐街

在清朝时，深坑老街曾是当地重要的茶叶集散地，现今深坑老街已成为别具特色的豆腐一条街，这里最为知名的是采用盐卤加工而成的豆腐，红烧豆腐、豆腐羹和糖醋鱼豆腐三道招牌菜更是深坑最为有名的“豆腐三吃”。

TIPS

台湾省新北市深坑乡深坑街 乘捷运木栅线木栅站出站后，换乘251、600、666路公共汽车在深坑站下车即可到达 ★★★★

TAIWAN GUIDE

Tai Wan

畅游台湾

11

台北淡水

淡水古镇历史悠久，古镇周围散落着大量的历史古迹，与这里秀美的风景一同吸引了来自世界各地的游人。北投则是台湾北部著名的温泉乡，遍布着老商铺、传统市场和老牌温泉浴室，是感受温泉乡安逸生活节奏的地方。

01 淡水老街 逛

风光迷人的休闲街道

TIPS

台湾省新北市淡水镇中正路、公明街、河滨道路 乘捷运淡水线淡水站出站后步行5分钟即可到达 02-2622-1020 ★★★★

位于台北北部的淡水镇是台湾北部最早开发的港口之一，素有“东方威尼斯”的美誉，而淡水老街则以优美浪漫的风景和琳琅满目的老字号美食店而闻名。此外，在淡水老街还有大量古色古香的商铺和古老庙宇，其中尤以建于清雍正年间的福佑宫最为闻名，与众多古老建筑一起向游人诉说着这条街道的历史。

02 红毛城 赏

记载台湾历史的重大时刻

TIPS

台湾省新北市淡水镇中正路28巷1号 乘捷运淡水线淡水站出站后，换乘红26路公共汽车或836路游园公共汽车红毛城站下车 02-2623-1001 60新台币 ★★★★

红毛城是一幢气势恢弘的红砖建筑，共分为主楼、领事馆和城门三部分，旧时曾经侵占台湾的荷兰人和西班牙人都将其作为军事要塞，之后的美国和英国则将其作为领事馆所在地。红毛城是台湾岛北部的一处战略要地，同时也记载了台湾历史上大量重要时刻。

03 渔人码头

欣赏美丽夕阳的码头

TIPS

台湾省新北市淡水镇观海路201号 乘捷运淡水线淡水站出站后，换乘红26路公共汽车终点站下 ★★★★

位于淡水河出海口的渔人码头是淡水第二渔港，曾经是台湾岛北部重要的渔业港口，现今则是一处供游人观光游览的热门景点。在渔人码头，游人可在300米长的木栈道上欣赏淡水知名的夕阳美景，也可在这里的餐厅或咖啡店小憩片刻，品尝当地的美味菜肴。

04 十三行博物馆

了解台湾的文化发展

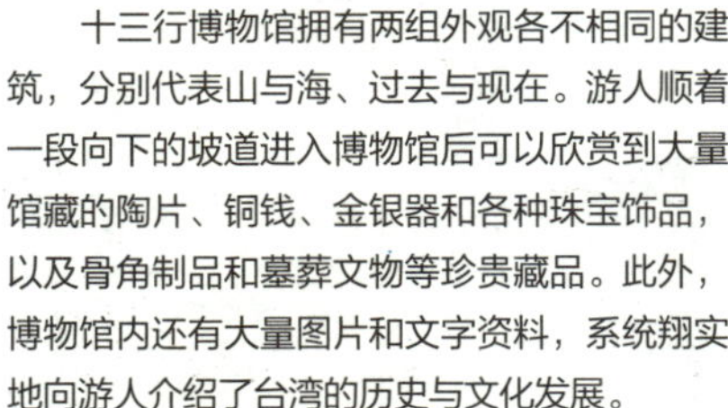

十三行博物馆拥有两组外观各不相同的建筑，分别代表山与海、过去与现在。游人顺着一段向下的坡道进入博物馆后可以欣赏到大量馆藏的陶片、铜钱、金银器和各种珠宝饰品，以及骨角制品和墓葬文物等珍贵藏品。此外，博物馆内还有大量图片和文字资料，系统翔实地向游人介绍了台湾的历史与文化发展。

TIPS

台湾省新北市八里乡博物馆路200号 乘捷运淡水线关渡站1号出口出站后，换乘红13路公共汽车十三行博物馆站下车 02-2619-1313 100新台币 ★★★★

05 红楼

淡水名景之一的西班牙式红砖建筑

TIPS

台湾省新北市淡水镇中正路228号 乘捷运淡水线在淡水站出站后步行大约10分钟即可到达 02-8631-1168 ★★★★

建于19世纪末的红楼由洋行富商修建，最初名为达观楼，是一幢西班牙风格的红砖楼房，已有百余年历史。20世纪20年代，这座用北投出产的哩石和各式各样的清水砖修建的红楼成为当时台湾北部文人墨客热门的聚会场所，现今则是作为一间热门的餐厅，深受台湾情侣的喜爱。

06 沪尾炮台

可欣赏美景的炮台

沪尾炮台离红毛城不远，是由首任台湾巡抚刘铭传于清光绪十二年（1886）修建的，炮台外廓为两道城墙，炮台配备有12寸口径后膛炮，与数百米外的红毛城互为犄角，是保卫淡水港的一处战略要地，至今牌楼上依旧有“北门锁钥”四个大字。除了各种主题展览外，游人还可在炮台上一览淡水夕照的美丽景色。

台湾省新北市淡水镇中正路一段6巷34-1号 乘捷运淡水线淡水站出站后，换乘红26路公共汽车或836路游园公共汽车在沪尾炮台站下车即可到达 02-2629-5390 20新台币 ★★★★

07 淡水长老教会

优美典雅的教会建筑

TIPS

台湾省新北市淡水镇马偕街8号　乘捷运淡水线淡水站出站后步行10分钟即可到达　02-2621-4043　★★★★

19世纪末第一个在台湾北部传教行医的加拿大籍马歇尔牧师主持修建了淡水长老教会，1923年将其改建为一幢红砖壁面的仿哥特式建筑，它是台湾北部教会的发源地。淡水长老教会以其优美典雅的外观而闻名，与淡水河夕照和观音山景一同被赞誉为“三大最经典的淡水写生画景”，吸引无数游人慕名而来。

08 观音山

古淡水八景之一

TIPS

台湾省新北市淡水、八里乡和五股乡交界处　乘捷运淡水线关渡站1号出口出站后，换乘红22路公共汽车圣心女中站下车之后步行即可到达　02-2292-8888　★★★★

观音山由18座均为火成岩构造的连绵山峰组成。隔着淡水河远远望去，连绵群峰仿佛观音斜卧河畔，而从北侧望去则好似一尊栩栩如生的观音朝天像，从天文台看去又宛若抱膝仰卧的观音像，故而得名。除了形似观音的群山之外，观音山独特的地理环境还形成了这里经常云雾缥缈不散的古淡水八景之一“坌岭吐雾”。

09 河堤公园

玩

最浪漫的约会地之一

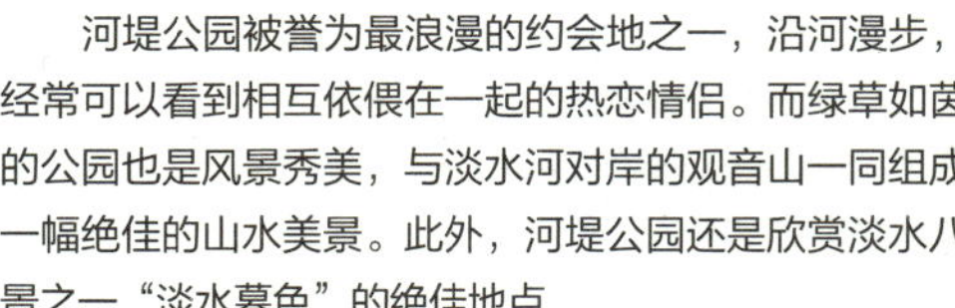

河堤公园被誉为最浪漫的约会地之一，沿河漫步，经常可以看到相互依偎在一起的热恋情侣。而绿草如茵的公园也是风景秀美，与淡水河对岸的观音山一同组成一幅绝佳的山水美景。此外，河堤公园还是欣赏淡水八景之一“淡水暮色”的绝佳地点。

TIPS

台湾省新北市淡水镇淡水站旁　乘捷运淡水线淡水站出站即可到达　★★★★

10 海边阿婆铁蛋本铺

不可错过的淡水名产

阿婆铁蛋的创始人阿婆在50年前于渡船码头开设面摊，由于提供给客人下酒的小菜中经常会有当天剩下的卤蛋被不断放回锅中熬卤。久而久之，渗进卤汁的鸡蛋变得又小又黑，阿婆也在不经意中发明了一道淡水名产——阿婆铁蛋，成为游人现今来淡水不可错过的一道美味。

TIPS

台湾省新北市淡水镇中正路151-1号 乘捷运淡水线淡水站出站后步行大约15分钟即可到达 02-2621-1560 ★★★★

11 真理大学

欧陆风情的大学

真理大学的校园入口处建有一座尖耸的大拱门，其前身是淡水工商学校，校园内的建筑充满浓郁的欧式风情，牛津学堂则是马歇尔牧师亲自设计修建的一幢中西合璧的红砖建筑。建于1906年的姑娘楼最初是修女居住的地方，“二战”结束之后成为纯德女中音乐教室，现今则是真理大学的校长室。

台湾省新北市淡水镇真理街32号 乘捷运淡水线淡水站1号出口出站后，转乘红38路公共汽车即可到达 02-2621-2121 ★★★★

12 淡江中学

百年历史的学校

淡江中学创办于1914年，这座学校的最大特色就是在校园内竖立有马歇尔传教士的铜像。采用红砖、釉花砖和闽南瓦等建材修建的淡江中学环境优美，校内的八角楼、淡水女学堂等建筑无不充满中西合璧的美感。此外，马歇尔传教士在去世后也被安葬在淡江中学的校园中，其墓地为一座尖背式的建筑，两侧安葬着他的妻子儿女，吸引了众多游人前来缅怀。

TIPS

台湾省新北市淡水镇真理街26号 乘捷运淡水线淡水站1号出口出站后，转乘红38路公共汽车即可到达 02-2620-3850 ★★★★

13 缘道观音庙 

古朴宏伟的寺庙

缘道观音庙是一座仿唐式建筑，庙门口的水墙和山门气势恢弘，庙内每一扇门都经过精心设计，充满独特美感。缘道观音庙最具特色的是其庙内的十全十美香，分别是供佛香、感情香、健康香、平安香、贵人香、孝亲香、子孙香、功名香、财运香和事业香，香客可根据香的种类分别在不同观音座前上香祈福，完成自己的心愿。

TIPS

台湾省新北市淡水镇番薯里5邻安子内3号 乘捷运淡水线红树林站1号出口出站后，搭乘专线车即可到达 02-2626-9242 ★★★★

14 慈生宫 

北投区最重要的庙宇

兴建于明朝的慈生宫由福建省同安、漳州两县籍居民合力创建，又名“五谷先帝庙”。最初是祭祀五谷先帝、天上圣母、福德正神的寺庙，清代经康熙、乾隆和光绪等朝代重修后逐渐香火鼎盛，是北投区最重要的一所庙宇。此外，在慈生宫内保存有大量精美的宗教文物。

TIPS

台湾省台北市理农街一段321号 乘捷运淡水线唭岸站出站后步行大约5分钟即可到达 02-2822-7410 ★★★★

15 淡水红树林自然保护区 

享受河口的自然之美

位于淡水河北岸出海口的淡水红树林自然保护区范围辽阔，保护区内的红树林生长繁茂，自然生物种类丰富多彩。同时由于恰好地处东北亚鸟类迁徙的必经之处，因而每年都有数十种鸟类在这里歇息南迁。在红树林自然保护区内还设有红树林展示馆，游人可在这里通过图片、资料和多媒体等不同方式的讲解了解红树林的各种相关知识，或是隔着大片玻璃窗欣赏周围的自然美景。

台湾省新北市淡水镇红树林捷运站后方 乘捷运淡水线红树林站2号出口出站后步行5分钟即可到达 02-2808-2995 ★★★★

16 关渡宫

台湾省北部历史最悠久的妈祖庙

建于清顺治十八（1661）年的关渡宫最初名为灵山庙，是台湾北部历史最悠久的一处妈祖庙，大殿内供奉有妈祖、观音菩萨、文昌帝君和郑成功，其中妈祖像神态十分慈祥。楼上广渡寺奉祀地藏菩萨与信徒安奉的祖先牌位。后殿奉祀玉皇大帝、三官大帝、东华帝君、瑶池金母、南斗星君、北斗星君等神像。此外，在关渡宫周围的古佛洞和财神洞内有大量宗教雕塑，毗邻的关渡公园风景秀美，在秋冬季节还可欣赏大量在此栖息的水鸟。

TIPS

台湾省台北市北投区知行路360号 乘捷运淡水线关渡站下车，沿着大度路三段301巷或知行路走10~20分钟即可到达 02-2858-1281 ★★★★

17 北投温泉

拥有各色温泉的温泉乡

北投温泉位于多个火山断层之上，是台湾近百年来最好的温泉乡。这里涌出的泉水青绿似玉，被称作青磺泉，因为泉水中含有少量的镭，也称“镭温泉”。此外，还有色泽洁白的白磺和颜色赤红、富含铁矿的铁磺等泉水，均对关节炎、肌肉酸痛、慢性皮肤病等疾病有很好的治疗作用。

TIPS

台湾省台北市北投区 乘捷运新北投支线新北投站下 02-2891-2105 ★★★★

18 北投温泉博物馆

了解北投温泉的历史

TIPS

台湾省台北市北投区中山路2号　乘捷运新北投支线新北投站出站后步行大约5分钟即可到达　02-2893-9981

★★★★★

北投温泉博物馆建成于1913年，最初是日据时期的一座外观典雅的红砖浴室，2层则是木质结构。在20世纪30年代曾经是东亚地区规模最大的公共温泉浴场，据说孙中山先生也曾来过这里。现今北投温泉博物馆内展示有大量旧照片和相关资料，2层则原样保留了当年客厅的摆设，游人还可参观温泉浴室，感受这里的悠久历史，了解各种浸泡温泉的知识。

19 北投公共图书馆

全木结构的图书馆

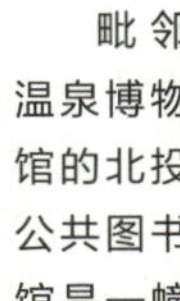

毗邻温泉博物馆的北投公共图书馆是一幢规模宏大的豪华日式建筑。图书馆四周环境雅致，绿树成荫，馆内布置有书柜、杂志架、阅览座椅等设施，是一处可以惬意悠闲地享受阅读乐趣的好地方。

TIPS

台湾省台北市北投区光明路251号　乘捷运新北投支线新北投站出站后步行大约10分钟即可到达　02-2897-7682

★★★★

20 中和禅寺

体验西藏风情

位于福寿山半山的中和禅寺是一座台湾少见的藏传佛教寺庙，寺内有喇嘛塔与供奉地藏菩萨的宝珠殿，在后山还有章嘉活佛舍利塔、西藏喇嘛寺庙等建筑。中和禅寺独具特色的藏族风情不仅吸引了众多台湾影视剧来这里取景，同时也成为众多台湾新人拍摄婚纱照的热门地点。

TIPS

台湾省台北市北投区奇岩路151号　乘捷运新北投支线新北投站出站后步行大约10分钟即可到达　★★★★

TAIWAN GUIDE

Tai Wan

畅游台湾

12

台北周边

01 乌来温泉 玩

被誉为“美人泉”的温泉乡

位于台湾北部的乌来温泉水质清澈透明，甚至可以直接饮用。早在日据时期这里就被开发成为温泉乡。温泉的水常年保持在80℃左右，富含钠离子，是一处中性碳酸氢钠泉。因为对人的皮肤有很好的理疗修补作用，所以也被称作“美人泉”，常引得不少爱美的年轻姑娘到这里来泡温泉。

TIPS

台湾省新北市乌来乡 乘捷运新店线新店站出站后，换乘新店客运乌来线公共汽车即可到达 ★★★★

02 乌来瀑布

宛如云中倾泻的瀑布

乌来瀑布是乌来风景区中最为经典的景观。高达80米，宽10米的瀑布宛如一条白练从山顶奔流而下，被誉为从云中倾泻而下的瀑布。当水量充沛的时候，瀑布更是可以一分为二，两股水流从山间流过，溅出的水雾好像围绕在山间的流云一般，给人一种清凉爽快的感觉。

TIPS

台湾省新北市乌来乡 乘捷运新店线新店站出站后，换乘新店客运乌来线公共汽车即可到达 ★★★★

03 碧潭风景区 赏

历史悠久的风景区

碧潭风景区是台北地区历史悠久的游览胜地。虽然名为“潭”，但事实上是一处较宽阔的河面。这里山水回转，碧潭吊桥跨河而过，这座风格古朴的大桥也是当地最主要的景观之一。河两侧山壁耸峙，因为形似赤壁而被誉为“小赤壁”。近年来这里开辟了很多游览线路，游客可以租用自行车在河岸两侧任意游览。

TIPS

台湾省新北市新店市新店路207号（碧潭风景区管理所）
乘捷运新店线新店站出站后，换乘公共汽车650路碧潭站下车即可到达 02-2913-1184 ★★★★

04 乐华夜市

永和地区最知名的夜市

乐华夜市是台北永和地区最为知名的夜市。白天这里并不起眼，夜幕降临的时候，无数小摊贩就会蜂拥而入，使这里即刻变身成为繁华热闹的商业市场。夜市的经营范围广泛，有皮件、服饰、美食特产及各式台湾小吃，各种时装店更是数不胜数。一般这里是从17:00营业到次日1:00，少部分摊位则是通宵营业。

TIPS

台湾省新北市永和市永平路、保平路十八巷、保福路一带
乘捷运新店线顶溪站出站后步行即可到达 ★★★★

05 世界豆浆大王 吃

从小铺子发展起来的豆浆大王

世界豆浆大王便是我们熟识的永和豆浆。这家创办于20世纪60年代的大型连锁早餐店最初从一个小烧饼铺子起步，慢慢发展成为现在的规模，堪称一个经营奇迹。现在这里的经营范围早已从单纯的豆浆烧饼扩展到了小笼包、发糕、锅贴、萝卜糕、饭团等多种中式点心，而且全年无休，是人们吃早餐的首选。

TIPS

台湾省新北市永和市永和路二段284号 乘捷运新店线顶溪站出站后，换乘51、243、706路公共汽车即可到达 02-8927-0000 ★★★★

06 韩国街 逛

出售韩货的大街

台湾省新北市永和区中兴街 乘捷运永和站顶溪站1号出口出站后步行大约5分钟即可到达 ★★★★

韩国街的全名叫做中兴街，走进这里如果不是看到显眼的中文招牌，会真的以为自己来到了韩国。路边的商铺里经营的全都是韩国商品，包括餐具、日用品、海苔、人参、韩服等正宗的韩货。韩国美食更是不可缺少，拉面泡菜自不必说，石锅拌饭等更是吸引人的胃口。即使不能亲自到韩国，也能在这里获得在韩国购物的体验。

07 435文艺特区 

富含西式风格的文艺特区

435文艺特区位于新北市板桥区，这里原本是一处荒废的区域，后来经过改造而成为现在的文艺特区。在这里可以看到很多仿古的巴洛克风格建筑，可以漫步在白石子路面上欣赏喷泉。各个文艺展馆中都摆放着各种艺术品供展示。这里的小剧场也会向人们提供免费的电影。

TIPS

台湾省新北市板桥市中正路435号 乘捷运板桥线府中站2号出口出站后步行即可到达 02-2968-6911 ★★★★

08 大关义学

为了消除仇恨而建的书院

位于板桥区的大关义学始建于清道光年间，距今已经有160多年历史。这里既是学院也是文庙，正殿里供奉着文昌君的塑像，殿前还有一座孔子塑像。正殿两侧即是当年的书院所在地，如今留下了很多人们学习的痕迹。这里是新北市每年祭孔仪式的举办地，也是诸考生祈求能考出好成绩的所在地。

TIPS

台湾省新北市板桥市文昌街12号 乘捷运板桥线府中站3号出口出站后步行大约10分钟即可到达 02-2968-5028

★★★★

09 接云寺

赏

板桥人的信仰中心

接云寺也称板桥观音庙，是板桥人主要的信仰中心。这座寺庙完好地保存了150多年前的古貌，主殿里供奉着观音菩萨的塑像，而四周还陪祀着定光古佛、关圣帝君、注生娘娘、开漳圣王、郑延平王、统境公、十八罗汉、太岁星君、虎爷等诸天神佛像。庙旁还有一座小祠，是为了纪念在泉漳械斗时死去的漳州人而建的。

TIPS

台湾省新北市板桥区西门街69号 乘捷运板桥线府中站2号出口出站后步行大约10分钟即可到达 02-2966-0766

★★★★

10 慈惠宫

板桥地区的妈祖庙

位于板桥繁华闹市区内的慈惠宫也是板桥地区重要的信仰中心，这里主要祭祀着渔民的保护神妈祖。建筑的外观很是精美，三层的主殿屋脊上由无数雕工精美的脊兽作为装饰，飞檐斗拱，气势非凡。除了妈祖外，这里还供奉有玉皇大帝、地藏菩萨、文昌帝君、观音菩萨等神明，逢年过节的时候当地人都会来这里祭拜一番，以求好运。

TIPS

台湾省新北市板桥区府中路81号 乘捷运板桥线府中站2号出口出站后步行大约10分钟即可到达 02-2967-9252

★★★★

11 南雅夜市 

板桥历史悠久的夜市

TIPS

台湾省新北市板桥区南雅东路到南雅南路一带 乘捷运板桥线府中站2号出口出站后步行大约10分钟即可到达 ★★★★

南雅夜市又名“板桥观光夜市”，位于南雅东路与南雅南路一带，那座有30多年历史的大牌坊就是夜市的入口标志。南雅夜市以台湾特色小吃为主，其间还夹杂着服饰和杂货摊点。在这里可以吃到不少台湾的传统小吃，是那些饕餮之客最喜欢的场所。一到晚上香气四溢的街头就满是游客，热闹非凡。

12 邓丽君墓园 

一代歌后的墓地

TIPS

台湾省新北市金山乡西湖村西势湖18号 乘往金山方向的淡水客运 ★★★★

邓丽君墓园以邓丽君的原名命名为“筠园”，这里和普通的墓园悲伤肃穆的风格不同，到处都飘着音乐，给人们带来快乐的感觉。邓丽君的墓很简朴，黑色大理石棺盖上雕刻着粉红色的玫瑰花环，中间镶嵌着一张邓丽君的照片，四周放满了人们敬献的鲜花。棺盖后是一尊邓丽君卧像石雕，掩映在苍松翠柏之中。歌后和她的歌一样，永远留在人们的心中。

13 九份老街 逛

台北的风情老街

九份老街位于新北市瑞芳镇，据说这里当初只有9户人家，每当有人要外出购买日用品，一定会带回来9份，一家一份，九份老街因此得名。如今在这不到3米宽的狭窄老街两侧早已布满了各式的建筑，传统小吃店、工艺品店、民居旅馆比比皆是，各种彩灯广告耀眼夺目，尽显老街风情。

TIPS

台湾省新北市瑞芳镇 台铁瑞芳站乘基隆客运金瓜石线金瓜石站下 ★★★★

14 野柳 玩

出色的海山风景

野柳是一条伸入海中1700多米的山岬，远远望去好似一对海龟。山岬迎风一面是惊险陡峭的断崖，在附近形成了千奇百怪的岩层景观。而背后则是一片葱茏的绿色世界，长满了美人蕉、龙舌兰、海芙蓉等植物。每当退潮后，这里都会留下五颜六色的贝壳、海胆等海生动物，无论是欣赏奇石还是赶海都能乐在其中。

TIPS

台湾省台北市罗斯福路 乘捷运新店线公馆站3号出口出站后，步行3分钟即可到达 ★★★★

15 黄金神社

日据时期留下的遗迹

TIPS

台湾省新北市瑞芳镇金石光路51号之1号 台铁瑞芳站乘基隆客运金瓜石线金瓜石站下 ★★★★

黄金神社位于九份老街不远处，这里原本是金矿，日据时期日本为了开采黄金，特地在这里建立了祭祀黄金神的神社。台湾光复后这里逐渐荒废，如今仅存鸟居两座，石灯笼四对以及主殿的石柱等，地面上也早已长满了野草，一片萧瑟。站在这座历史遗迹内，当年台湾人民被奴役的历史仿佛近在眼前。

16 莺歌陶瓷老街

"台湾景德镇"

莺歌陶瓷老街是当年台湾陶瓷业最为发达的地方，被称作"台湾景德镇"，最盛时有多达200多间窑厂在这里开火烧陶。如今经过重新规划后，窑厂大多被改造成销售陶瓷器的商店，经营的陶瓷品种类丰富，宛如一座瓷器博物馆。还有一些个人的陶瓷作坊和工作室，游人在这里可以切身感受陶瓷艺术的魅力。

TIPS

台湾省新北市莺歌镇尖山埔路 乘捷运板南线新埔站换乘台北客运蓝19路在莺歌站下 ★★★★

17 小人国主题乐园

富有趣味的小人国

小人国主题乐园位于桃园县龙潭乡，是台湾第一座以微缩景观为主的主题乐园。公园里分印第安历险区、欧洲城堡乐园、尼罗河历险区、亚洲之最、哆啦A梦乐园等五个部分，将亚洲、非洲、欧洲等地的知名建筑按比例微缩后呈现在游人面前。而哆啦A梦乐园更是深受孩子们的喜爱，时常会举行各种游园活动。

TIPS

台湾省桃园县龙潭乡高原村横冈下60-2号 乘汽车客运或火车到达中坜后再转新竹客运 03-471-7211 620新台币 ★★★★

18 慈湖

蒋氏父子的墓地所在地

位于大溪镇的慈湖是一座人工水库，这里风光旖旎，大汉溪清流从此经过，形成了一处天然的湖山公园，自然条件极为优越。这里的山水地貌和浙江奉化有几分相似，因此这里也是蒋介石、蒋经国父子的墓地所在地。在四周有围绕蒋氏父子墓地而建的一处文化园区，以供人瞻仰凭吊。

TIPS

台湾省桃园县大溪镇福安里 乘开往复兴、巴陵的桃园客运在头寮宾馆站下 03-388-3552 ★★★★

19 可口可乐世界

呈现可口可乐的历史

可口可乐世界位于桃园县龟山工业区内，大红色的外观和可口可乐的主题极为贴近。馆内分为接待处、欢乐区、展览馆三个部分。在欢乐区展出了不少以民俗为主题的可乐瓶设计作品，各种新奇的设计和造型令人耳目一新。而展览馆内的时间长廊则将可口可乐从诞生到现在的历史全部展示了出来。此外馆里出售大量的可口可乐纪念品，可乐迷们可千万不能错过。

TIPS

台湾省桃园县兴邦路46号 乘开往三峡的桃源客运在大智路口下 0800-311-789 ★★★★

20 爱情故事馆

展示动人的爱情故事

TIPS

台湾省大溪镇复兴路一段1037号 台铁桃园站换乘桃园客运大溪线在新街尾站下 03-387-1566 ★★★★

位于大溪镇的爱情故事馆是一家以展示各种动人爱情故事的博物馆，馆内展示了拿破仑和约瑟芬、爱神丘比特、不爱江山爱美人的温莎公爵、摩纳哥大公和葛蕾丝大公妃、生死相许的罗密欧与朱丽叶等脍炙人口的爱情故事。此外这里还兴建了一座小教堂和数个心形花圃，时常有年轻恋人到这里举办婚礼。

畅游台湾 · 台北周边

21 基隆港

台湾北部海上门户

TIPS

台湾省基隆市基隆港 乘301路公共汽车在仙洞岩下 02-2427-4830 ★★★★

基隆港是台湾最北端的海上门户，港口三面环山，年吞吐量达到4000万吨。港内海水湛蓝，远处就是海天一色的壮美景象，更常有沙鸥等海鸟飞翔其间，景色很是漂亮。定期驶入的各国高级游轮、客轮、邮轮等更是挤满了港口，是船舶爱好者的天堂。另外这里还有筑港殉职纪念碑等设施，供游人参观。

22 基隆奠济宫

赏

基隆最大祭祀开漳圣王的庙宇

基隆奠济宫是基隆最大的祭祀开漳圣王的庙宇，迄今已经有100多年历史。开漳圣王原为唐朝一名将军，因为平定闽粤有功而被封为开漳圣王被人们祭祀。这里的建筑既有传统的中国建筑风格，也混杂了一些日式色彩。殿宇建构壮观华美，内部装饰繁杂精致，韵味独特。

TIPS

台湾省基隆市仁爱区仁三路27之2号 乘坐纵贯线、国光、福和客运等到基隆站下 02-2425-2605 ★★★★

23 庙口夜市

逛

充满平民气息的夜市

基隆的庙口夜市因其充满平民气息而长期位居台湾十大夜市之列。这处夜市自奠济宫落成以来便已经存在，历史相当悠久。这里汇集了来自中西方各地的小吃，而台式小吃更是数不胜数，每个来基隆旅游的游客都会来到庙口夜市体验一下这里的各种美味，满足一下自己的食欲。

TIPS

台湾省基隆市仁爱区仁三路、爱四路一带 乘纵贯线、国光、福和客运等到基隆站下 ★★★★

24 桃园观光夜市 

桃园当地各种小吃及工艺品

在台湾各地的夜市中，桃园观光夜市可说是比较热闹的一处。这里规模很大，横跨了数条街区。每到夜间，各种摊位就挤满了大街两侧。夜市上商品琳琅满目，地方小吃、民俗工艺品、冷饮、热食、糖果、茶具等一应俱全。其中桃园本地的各色小吃最是吸引游人的眼球，各种电灯招牌下总是坐满了大快朵颐的客人，喧闹非凡。

TIPS

台湾省桃园县中正路 乘公共汽车在中正路下 ★★★★

25 大溪中山路老街 逛

怀旧氛围浓厚的老街

TIPS

台湾省桃园县大溪镇中山路 乘开往大溪的桃园客运 03-388-3116 ★★★★

早在日据时期，大溪镇的中山路就是各色富商及文人雅士居住的高档住宅区。虽然历经时代变迁，但是那日本大正式的牌楼、西方巴洛克式的洗石子立面都在向人们述说着古老的历史。立面上还雕刻着乌龟、麒麟、龙凤等象征吉祥的图案。每当夜幕低垂，昏暗的街灯亮起，老街就犹如老照片一样散发出怀旧的光彩。

26 海门天险 

抗击侵略者的炮台

TIPS

台湾省基隆市中正区中正路海门公园 乘101、103路公共汽车在海门天险站下 02-2427-4830 ★★★★

海门天险亦即二沙湾炮台，这座炮台在历史上曾经为抗击外来侵略者作出了巨大的贡献，在鸦片战争、中法战争中曾经多次保护了台湾海疆的安全。穿过书写着“海门天险”四个大字的大门，可以见到当年的石子广场通道、两侧的兵营建筑遗址，海边则是当年留下的古炮、碉堡、弹药库等遗迹，依稀还能感到当时战斗的激烈。

TAIWAN GUIDE

Tai Wan

畅游台湾

13

台中

台中终年阳光普照，风景秀美，境内的雪霸公园是赏鸟的最佳地点。每年台中沿海地区的大甲妈祖庙都会举行盛大的朝圣之行，而大肚溪口及高美湿地丰富的生态既是水生动物的乐园，也是赏鸟者最佳的观赏天堂。

01 台中公园 玩

富有特色的湖心亭

台中公园位于台中市中心，始建于日据时期。在公园的中央有一片大湖，湖中的湖心亭造型优雅别致，外部用镀锌铁皮包覆，地基和亭柱都是钢筋混凝土结构，顶部造型是双并式尖顶，呈古铜色，是台中的地标式建筑。每年元宵节，这里都会举行盛大的灯会，为新年增添喜庆色彩。

台湾省台中市中区公园路二段37号 乘台铁台中站下 04-2228-9111 ★★★★

02 台中市政府大楼 赏

巴洛克式的大楼

台湾省台中市西屯区民权路99号 乘27路公共汽车在市政府站下 04-2228-9111 ★★★★

台中市政府大楼在搬迁到现在的新址之前一直都是台中市的政治中心。现今遗留的旧政府大楼则是一幢西式的巴洛克风格大楼，主色调为红白蓝三色，显得相当清爽。无论是门厅上的装饰还是外部的廊柱都充满了文艺复兴时期的艺术风格。可以说大楼本身就是一件精美的艺术品。

03 台中民俗公园 玩

台湾民俗文化的展示地

台中民俗公园位于台中市旅顺路，是台湾第一座民俗公园。公园里的建筑全都采用清末民初时期的闽南式风格，四周小桥流水，亭台楼阁，仿造苏州园林的布局设计安排。园内分为民俗馆和民俗技艺广场两部分，主要以展示和体验台湾传统的民俗技艺为主，让人了解一下旧日的风俗和日常生活。

台湾省台中市北屯区旅顺路二段73号 乘31、36路公共汽车 04-2245-1310 50新台币 ★★★★

04 台中车站

赏

台湾三个特等车站之一

台中车站位于台中市区，是台湾目前仅有的三个特等车站之一。车站的主体建筑为红白两色，混合了西方的文艺复兴风格和日式风格。正面中央屋顶为山墙式，上面有华丽的装饰，其尖顶钟塔是这里的标志，充满了艺术气息。每一层不同风格的卫生间也颇为人们所称道。

TIPS

台湾省台中市建国路172号 乘33、35、70、71、73、81、88、100、102、107、131、146、147、666、999路公共汽车台中车站下 04-2222-7236 ★★★★

05 宝觉寺

美丽的圆锥形宝塔

宝觉寺位于台中北屯区，寺中的殿宇都是鼓楼式建筑，金碧辉煌，气势恢弘。正殿中供奉着三尊如来佛像和一尊古铜解梦观音像。右侧有一座七层的圆锥形宝塔，塔中每一层都供奉着一座七宝如来像。登塔远望可以看到整个台中盆地的美妙风光。寺左侧还有一座巨型弥勒佛像，高27米，是寺庙的标志之一。

TIPS

台湾省台中市北屯区健行路140号 乘6、12、14、15、16、34、36、100、102路公共汽车 04-2233-5179 ★★★★

06 自然科学博物馆

赏

寓教于乐的大型博物馆

自然科学博物馆是台湾第一座将自然科学生活化、趣味化，实现寓教于乐的大型博物馆。通过生动有趣而平易近人的解说，将原本晦涩难懂的自然科学知识浅显地展现在人们眼前，将科学融入人们的生活中。馆内共有科学馆、太空剧场、科学中心、生命科学厅、地球环境厅、热带雨林温室等多个部分。

TIPS

台湾省台中市北屯区馆前路1号 乘台中客运27、35、70、71、88、103、106、146路 04-2322-6940 20新台币 ★★★★

07 台湾美术馆

多功能美术馆

台湾美术馆位于台中市西屯区，是台湾最重要的美术馆之一。馆内分专题展览室、360度环场厅、绘本馆、儿童游戏室、数位艺术方舟、影音平台、影音艺术厅、图书资料中心、教师资源室、馆外雕塑公园等多个部分，收集展出了中外美术图画、影片、录音带、幻灯片及美术家资料，集展览、创作、教育等功能于一身。

TIPS

台湾省台中市五权西路一段2号 乘台中客运71路美术馆站下 04-2372-3552 ★★★★

08 绿川

玩

台中的人文发祥地之一

TIPS

从台中车站步行约2分钟即可到达 ★★★★

绿川是台中市区的四条河流之一，也是台中的人文发祥地之一。在日据时期这里建有中山绿桥。如今河两岸一片青翠，树木葱茏，是著名的景观胜地。设有空中花园历史与展示走廊、阶梯剧院及两个槌球场等文化娱乐设施，并与周边的学校和社区活动相联系。

09 台中孔庙

复制曲阜孔庙的庙宇

TIPS

台湾省台中市双十路二段30号 乘仁友客运7、20路在双十国中站下 04-2233-2264 25新台币 ★★★★

位于台中市内的孔庙始建于清光绪年间，后毁于日据时期，1972年时再度重建。参考了曲阜孔庙的布局，采用传统的中国四方宫殿式建筑，显得庄重雄伟，气势非凡，这在台湾众多孔庙中也是很少见的。庙中各种设施也是完全仿照曲阜孔庙，它是全台最为完备的孔庙，也是举办祭孔大典的主要场所。

10 逢甲文华夜市

逛

曾为台湾规模最大的夜市

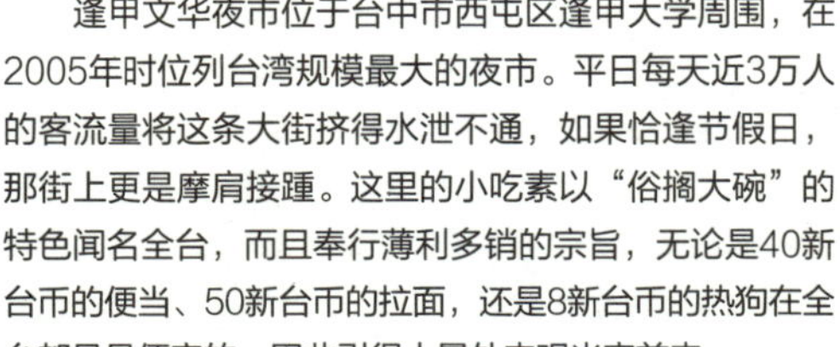

逢甲文华夜市位于台中市西屯区逢甲大学周围，在2005年时位列台湾规模最大的夜市。平日每天近3万人的客流量将这条大街挤得水泄不通，如果恰逢节假日，那街上更是摩肩接踵。这里的小吃素以“俗搁大碗”的特色闻名全台，而且奉行薄利多销的宗旨，无论是40新台币的便当、50新台币的拉面，还是8新台币的热狗在全台都是最便宜的，因此引得大量外来观光客前来。

台湾省台中市逢甲路口 乘台中客运33、35路在逢甲大学站下 ★★★★

11 一中夜市

逛

面向学生的夜市

台湾省台中市育才北路 乘统联客运73、83路公共汽车在台中技术学院站下 ★★★★

一中夜市是台中市北屯区最为热闹的夜市，因为邻近学校，所以有很多学生光顾。这里也从最初的育才路一条街扩展到了附近的五条马路上。这里的小吃多种多样，香酥大热狗和一中奇鸡都是这里最为知名的小吃。不光是周围学校的学生，连外地的游客也慕名而来。

12 20号仓库

由货运仓库改建的文艺区

TIPS

台湾省台中市复兴路四段37巷6-6号 从台中火车站沿复兴路步行即可到达 04-2220-9972 ★★★★

20号仓库位于台中火车站旁，原来是车站的货运仓库，后来在一群艺术家的巧手之下被改造成为文艺展示区。主要有主展场、咖啡厅、户外展演场、剧场、艺术家工作室等部分，这里主要提供现代前卫艺术的展示，每月都会改变展览的主题。在咖啡厅里还能遥望车站的铁道风景，很受人追捧。

13 忠孝夜市 

以吃为主的夜市

TIPS

台湾省台中市忠孝路　乘台中客运106、107、115路在中华路口站下　★★★★

位于台中市南区的忠孝夜市的历史要追溯到日据时期。这里和其他夜市不同，街上99%的店铺都是小吃店，来这里的客人的目的也很单一，就是填饱肚子，饱足口福。因此从16:00开始，各店家就已经开始营业了。排骨大王的米糕、忠孝烤肉、黑铁灶牛排、老夫子牛排等都是让人垂涎欲滴的美味小吃。

14 中华夜市 逛

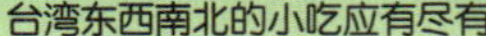

台湾东西南北的小吃应有尽有

TIPS

台湾省台中市中华路二段路口　乘台中客运106、107、115路中华路口站下　★★★★

中华夜市位于中华路和公园路一带，这里和忠孝夜市一样都是以吃为主题的市集。来自台湾东南西北的小吃应有尽有，尤其以台湾特产的臭豆腐最为著名。这里的臭豆腐味道浓烈，很远的地方就能闻到，但是吃到嘴里特别的香脆，所以在臭豆腐摊子前总是排满了饕餮之客。

15 中友商圈 

台中最重要的商圈

TIPS

台湾省台中市北屯区三民路　乘台铁台中站下，换乘台中客运5、21、83、88路在中友百货站下　★★★★

位于台中的中友百货是台湾最著名的零售企业，连同台中技术学院、台中一中、“中国医药大学”、台中棒球场等共同形成了台中最繁华的商圈——中友商圈。因为学生众多，所以这里有很多面向年轻人的商店，那一排排的体育用品店和眼镜店正是其中的代表。

16 建国市场

台中最主要的菜市场

台中建国市场位于台中车站旁，这里是台中最主要的菜市场，场内分布着大量出售新鲜蔬菜和各式家禽肉类的摊位。每天清早周边的主妇们都会到这里来选购当天的菜，这里可以算得上是一个了解台湾普通百姓日常生活和饮食习惯的好地方。

台湾省台中市建国路 从台中车站沿建国路步行即可到达 ★★★★

17 精明一街

充满异国情调的步行街

TIPS

台湾省台中市西屯区精明一街 乘台中客运70、88路或统联客运79、83路 ★★★★

精明一街位于精诚路、大隆路、东兴路之间，是一条充满了异国情调的步行街。路两侧分布着很多典雅的艺廊和精品服饰店，沿路还有不少西式装饰的长凳供人休息。台湾珍珠奶茶的创始人春水堂就在这条街上，游人可以在这里选择合自己口味的奶茶，边喝边悠闲地坐在路边休息。

18 鼎王麻辣锅

台湾麻辣界的霸者

鼎王麻辣锅在台湾中南部具有极高的知名度，被誉为麻辣界的“中霸天”。这里的火锅分鸳鸯锅底和麻辣锅底两种。鸳鸯锅鲜香可口，和提供的蘸酱配合起来味道极佳。而麻辣锅则是这里的主打，辣味很凶，吃着吃着就让人满头大汗，神清气爽。

台湾省台中市西屯区精诚路12号 04-2329-6828 ★★★★

19 台湾香蕉新乐园 

怀旧氛围的餐厅

台湾香蕉新乐园是一家通过布置了很多数十年前的老物件而具有浓郁的怀旧氛围的餐厅。这家餐厅里的陈设和装饰都是四五十年前台中路边常见的场景。有戏院、理发店、照相馆、牙医诊所等多个不同的主题，让人好像穿越回了那个年代一般。一件件旧家具都仿佛拥有生命一般，述说着台湾数十年间的发展和变化。

TIPS

台湾省台中市双十路二段111号　乘1、8、14、15、16、21、31、55、73、82、6601、6132、6205路公共汽车在新民高中站下　04-2234-5403　★★★★

20 太阳堂饼店 买

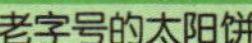

老字号的太阳饼

TIPS

台湾省台中市自由路二段23号　从台中火车站步行　04-2222-2662　★★★★

太阳堂饼店位于台中自由路上，太阳饼是台中的一种知名糕点。这种饼都是纯手工制作，以多层松脆酥软的饼皮包裹着甜香四溢的麦芽糖馅，咬一口齿颊留香。其外壳包装也很有特色，是由台湾著名的艺术家设计而成的，很富艺术感。

21 阿水狮猪脚大王 

全台湾闻名的猪脚

猪脚是台湾民俗中常吃的食物，据说可以祛除霉运，有祝福祝寿之意。阿水狮猪脚至今已经有近40年历史，肉质滑嫩，肉骨一根根形状分明。经过一道道工序的加工，使得猪脚肥而不腻，入口鲜咸甜软，口味上佳，无论是自己吃还是赠送亲朋好友都是极上佳品。

TIPS

台湾省台中市西屯区河南路二段528号　乘33路公共汽车在中港路口站下　04-2706-7258　★★★★

22 台中正老牌香菇肉羹

香气扑鼻的香菇肉羹

台中正老牌香菇肉羹在台中是一家超人气的名店。这家店至今已经有60多年的历史，在台中市内开有多家分店，招牌菜自然是香菇肉羹了。这里的肉羹使用最新鲜的猪肉和笋丝，加上干香菇，那种浓香四溢的效果就做出来了，滑嫩而不腻口，味道不会太咸而且很容易下饭。

TIPS

台湾省台中市北屯区双十路一段23号 台湾省台中火车站步行15分钟可到 04-2228-6168 ★★★★

23 一中丰仁冰

即使是隆冬也能享受的冷饮

伴随着台中人走过60多年风风雨雨的一中丰仁冰是这里最具人气的甜品。丰仁冰是将冰淇淋、酸梅冰和蜜花豆放在一起制作而成的。店家自制的牛奶冰淇淋香浓润滑，酸梅冰清凉入心，蜜花豆香气扑面，这样的美味让人爱不释口，即使是在隆冬季节还是有很多人来到这里品尝这本该属于盛夏的美味。

TIPS

台湾省台中市北屯区育才街三巷46号 乘公共汽车41、55、65、67、81、1658、6142、6163路在台中一中站下 04-2223-0522 ★★★★

24 一福堂

创业百年的老面点店

一福堂开业于日据时期，这里以老牌的凤梨酥而闻名全台。老板特别采用了台湾雾峰特产的“旺来”凤梨为原料，经过精心制作，将水果的味道完全融进凤梨酥内，橙黄色泽与质朴的本地口味让人过口难忘。此外，这里的柠檬饼、太阳饼等先后引发大众的购买热潮。百年老店伴随着百年面点一起为人们所称道。

TIPS

台湾省台中市中区自由路二段67号 乘公共汽车83、88路在彰化银行站下 04-2222-2643 ★★★★

25 上海新乐园

旧上海风貌的饭店

TIPS

台湾省台中市西屯区成都路319号 乘公共汽车29、33、68、75、85路在成都路口站下 04-2297-2060 ★★★★

上海新乐园位于台中市成都路，是一家以复原老上海风貌为主的餐厅。建筑风格中西合璧，很符合当时上海那种世界文化交融的风格。店里的包厢都以老上海的地名命名，经营的菜式也都是以上海本帮菜为主。蟹黄汤包、宁式鳝糊等菜式是这里最受欢迎的。

26 东海艺术街

欧洲风情的小街

东海艺术街是位于台中东海大学旁的一条旅游步行街，在大街两侧都是世界各地的艺术品专卖店或是服饰店。各种咖啡馆、茶艺馆、陶艺馆等也都充满了欧洲复古风情。当然这里还有不少充满了现代摩登感的小店，对西式风格情有独钟的人可不能错过。

台湾省台中县井乡艺术街 ★★★★

27 八仙山森林游乐区 玩

台湾三大林场之一

八仙山素与阿里山、太平山并称为台湾三大林场。翠绿苍劲且连绵不绝的林木是这里最大的旅游资源，而清澈碧绿的十文溪与佳保溪从林中穿过，更是为这里增添了不少山清水秀的灵气。园区内规划有三条步行道，从每一条看到的景色不同，游客们可以根据自己的喜好自由选择。

TIPS

台湾省台中县和平乡东关路一段平仙巷22号 乘前往谷关的丰原客运在佳保台站下 04-2595-1214 150新台币 ★★★★

28 雪霸公园 玩

研究造山运动的地质教室

雪霸公园占地76000多公顷，位于“雪山地垒”的核心区域。这里山峰众多，圈谷、高山湖泊、峡谷、河阶地、河川等地形兼具，堪称一处地质教室。由于横跨很多气候带，这里动植物种类繁多，稀有植物更是数不胜数。很多珍稀动植物都只有在这里才能看到。

TIPS

台湾省台中市大湖乡富兴村水尾坪100号 乘丰原客运开往梨山的巴士后换乘武陵支线 037-996-100 ★★★★

29 清水镇 逛

很具文艺气息的小镇

清水镇位于台中县，是一处颇具传统文化气息的小镇。台中县文化局就坐落于此，镇内设有台中县立港区艺术中心，是台中的文艺中心。日据时期，这里还是民主抗日的核心地区。现在镇里还留有很多旧时遗迹，蜿蜒的小巷也都仿佛是历史的缩影一般。

TIPS

台湾省台中县清水镇 搭乘海线纵贯铁路在清水站下 04-2627-0151 ★★★★

30 大甲镇澜宫妈祖绕境进香 赏

规模最大的朝圣活动

台湾省台中县大甲镇顺天路158号 搭乘海线纵贯铁路在大甲站下 04-2676-3522 ★★★★

大甲镇澜宫是台中著名的妈祖庙，这里每年都会举行盛大的妈祖绕境活动。活动要历时8天7夜，途经彰化员林、云林西螺、虎尾到嘉义县新港奉天宫。队伍十分盛大，包括神像戏偶、戏班、绣旗、花车、舞龙舞狮等，是台湾历史最悠久最盛大的朝圣活动。

TAIWAN GUIDE

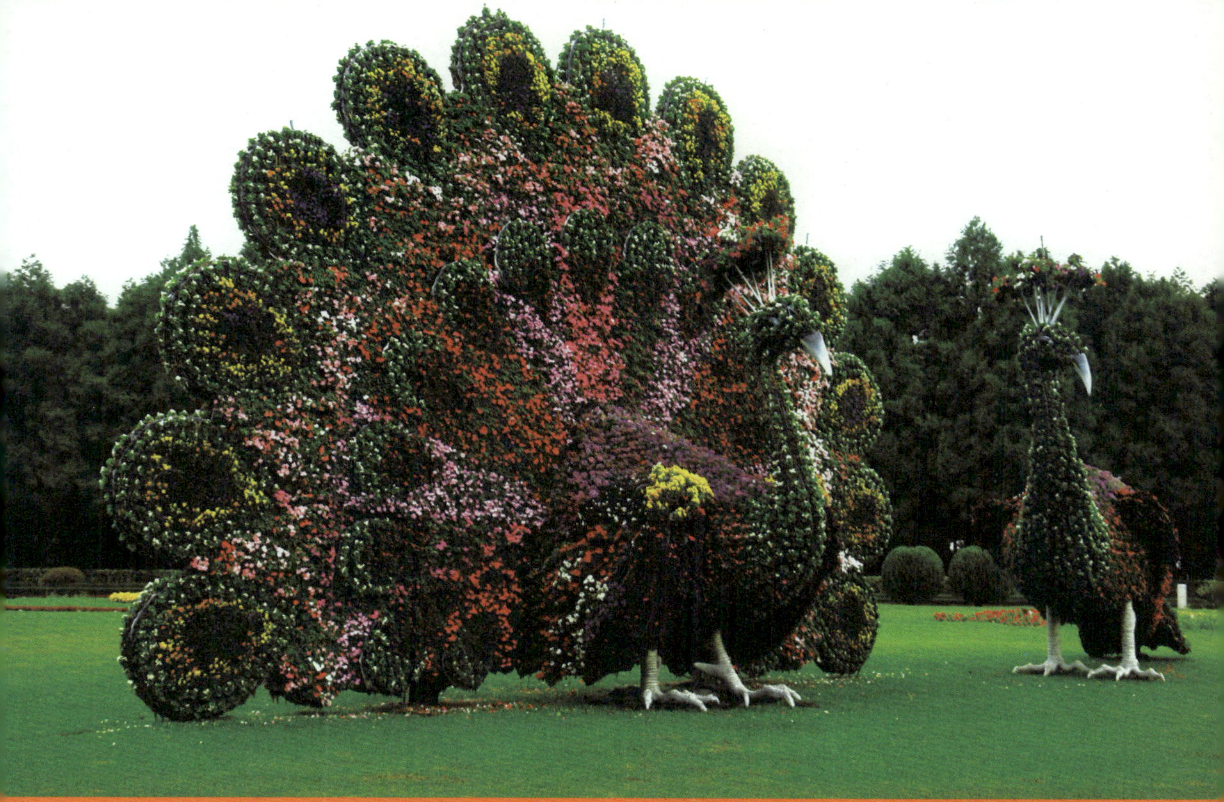

Tai Wan

畅游台湾

14

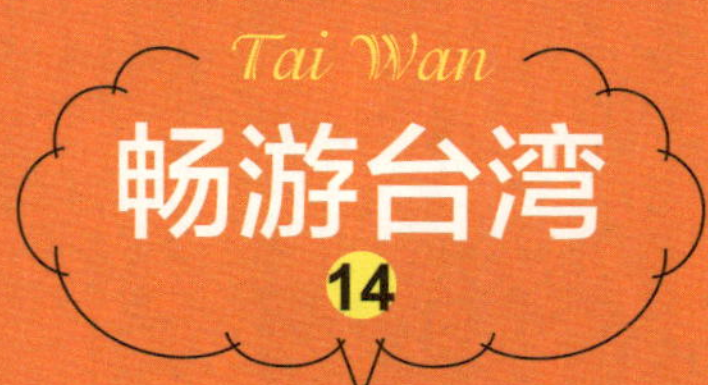

日月潭

日月潭是台湾省最大的天然湖泊，不仅风景独特，其附近的名胜景点也很多。

01 日月潭 赏

台湾最著名的自然景观

位于南投县的日月潭是台湾最著名的自然景观，和阿里山并称为台湾的地理标志。整个潭被中间的光华岛分为日潭和月潭，四周群山环抱，潭水清澈如碧，和日光月影相映成趣，饱含诗情画意。在日月潭周围还有很多与之相关的人文景点，其深厚的文化积淀更为日月潭增添了不少光彩。

TIPS

台湾省南投县鱼池乡日月潭 在台中干城站乘旅游巴士直达 049-285-5595 28新台币 ★★★★

02 慈恩塔 赏

可俯瞰日月潭的宝塔

慈恩塔高高耸立于南投县鱼池乡青龙山山顶，透过日月潭上浅浅的水雾可以清楚地看到宝塔矗立于高山之巅。慈恩塔高46米，连同底下的高山刚好是海拔1000米，从这里可以俯瞰日月潭的全貌。而塔前环境优美，花影扶疏，绿草如茵。附近还设有登山步道，是人们登山和夜晚仰望观星的好地方。

TIPS

台湾省南投县鱼池乡 乘国光客运、仁友客运、南投客运在日月潭站下 049-285-5668 ★★★★

03 伊达邵

赏

邵族人的聚居地

位于日月潭附近的伊达邵是台湾当地少数民族邵族人的聚居区。在这里可以看到著名的逐鹿市集，在市集上除了每天都有固定的民俗舞蹈表演外，还出售各种邵族人传统的小吃、工艺品和特产等。游人还可以跟随邵族人驾驶独木舟前往水上体验他们的传统生活。而每到他们的传统节日，这里更会举行盛大的庆祝活动。

TIPS

台湾省南投县鱼池乡日月村伊达邵 乘国光客运、仁友客运、南投客运在日月潭站下车 049-285-5668 ★★★★

04 玄奘寺

赏

安放玄奘法师舍利子的寺庙

TIPS

台湾省南投县鱼池乡水社村中兴路136号 乘国光客运、仁友客运、南投客运在日月潭站下 049-285-5668 ★★★★

玄奘寺端坐于日月潭边，是为了纪念唐朝玄奘法师不远万里前往天竺取经而建的。寺庙前临光华岛，后依青龙山，是一块风水宝地。建筑分做3层：1层为供奉各种佛像的所在地；2层奉祀着玄奘法师的灵位，其间装饰很具传统佛教风格；3层的殿堂里精心保存着玄奘法师的灵骨舍利子和玄奘宝塔，这两件都可以说是我国佛教史上的重要宝物。

05 文武庙 赏

合祭孔子和关帝的寺庙

🏠台湾省南投县鱼池乡中山路174号 🚌乘国光客运、仁友客运、南投客运在日月潭站下 ☎049-285-5668 ✪★★★★

文武庙位于日月潭北山的山腰上。早在日月潭蓄水之初，潭周围就有龙凤宫和益化堂两座庙宇，后来潭水将这两处淹没，于是庙宇就被合二为一迁到了现在的地方。庙宇坐东向西，主要建筑为一埕二庭三殿，庙内祭祀着孔子和关帝的塑像。其屋顶采用非常罕见的重檐庑殿式，是宫殿式建筑的最高等级，可见当地人对孔子和关帝的尊崇。

06 玄光寺 赏

和日月潭相望的寺庙

位于日月潭两潭陆地交界处的玄光寺建于1955年，是玄奘法师灵骨被从日本迎奉回国后最先放置的场所。这座寺庙规模不大，外观是仿日式寺庙风格，造型简朴，正殿里供奉着玄奘法师的金身塑像。这里临潭背山，在寺门口还设有码头，可以从日月潭任何一个地方乘船来这里参观。

TIPS

🏠台湾省南投县鱼池乡日月村伊达邵 🚌乘国光客运、仁友客运、南投客运在日月潭站下 ☎049-285-5668 ✪★★★★

07 涵碧楼步道

可以远眺日月潭的山间小道

TIPS

🏠台湾省南投县鱼池乡 🚌乘国光客运、仁友客运、南投客运在日月潭站下 ☎049-285-5668 ✪★★★★

涵碧楼因为地形如渔民所用的手网，因此这里也曾被称作“手网地”。围绕着整个涵碧楼有一条森林小道，这条小路坡道平缓，阶梯处还用红砖修砌，位于绿色的密林中显得更为古朴。一路走来，四周林木苍翠，各色鸟儿飞来飞去。远眺日月潭那如镜般的湖面，群山倒映，风光无限。

08 拉鲁岛

邵族人圣地

TIPS

台湾省南投县鱼池乡 乘国光客运、仁友客运、南投客运在日月潭站下 049-285-5668 ★★★★

拉鲁岛现名光华岛，位于日月潭的正中，将日月潭一分为二，一边圆满如日，一边弯弯似月。岛上的景色也是相当漂亮，在岛畔设立的观景浮台上可以看到数尊大型猫头鹰木雕，以及岛上引以为豪的巨大茄树。同时这里还是少数民族邵族人的圣地，至今一般游客还是不能登岛游览，只能在周围遥望岛上美景。

09 九族文化村

高山族文化的展示地

TIPS

台湾省南投县鱼池乡大林村金天巷45号 乘国光客运、仁友客运、南投客运在日月潭站下 049-289-5361 700新台币 ★★★★

“九族”是台湾民间对保留传统文化较多的高山族九个族群的俗称。九族文化村位于日月潭畔，全园划分为原住民文化、欢乐世界和欧洲花园三个部分。里面有展现原住民民俗的舞蹈剧场和各式传统建筑，有现代化的空中缆车、过山车等游乐设施。这里将高山族的民俗习惯、传统艺术等一一展现在游人的面前。

10 八通关古道 赏

横跨台湾的三条古道之一

八通关古道是台湾在清朝时所建的横跨台湾东西部的三条道路之一，后在日据时期进一步加长。目前所遗留的就是这两段道路的合体，如今这里早已湮没于荒草之中，路面崎岖难行。但是周围有很多历史古迹和自然景观，其中云龙瀑布、乙女瀑布、“开辟鸿荒”碣、“万年亨衢”碣、“佑我通山”碣等都很值得一看。

台湾省南投县竹山镇 乘纵贯线铁路到二水站换乘员林客运到东埔温泉站下 049-270-2200 ★★★★

11 集集车站 赏

木质的旧式车站

1930年建成的集集车站是台湾少数几座旧式车站之一。其建筑材料完全采用了台湾原产的桧木，墙壁是用一寸宽的木条钉在柱子上，外侧涂上石灰粉刷层，再铺上雨淋板，非常古朴简约。而且这里还会时常驶过旧式的蒸汽火车，老火车配上老站，更显出一丝怀旧的氛围。

TIPS

台湾省南投县集集镇民生路75号 乘台铁到二水站换乘集集支线车在集集站下 049-276-1084 ★★★★

12 集集古街

逛

充满怀旧气息的小镇

TIPS

台湾省南投县集集镇 乘台铁到二水站换乘集集支线车在集集站下 049-276-1084 ★★★★

集集古街是一处到处都充满了怀旧气息的小镇，这里在最大限度上保留了过去的古典风貌。沿街的房屋大多都是历史悠久的老屋，经营着各种传统的纪念品和土特产品。古街上还有很多民宿，很多都保持了老台湾人传统的生活习惯，让人更能贴近台湾人的普通生活。

13 集集武昌宫

大地震的遗迹

TIPS

台湾省南投县集集镇文心街与八张街交叉口 乘员林客运于集集站下 049-276-2050 ★★★★

集集武昌宫是一座花费8年时间建起来的供奉玄天大帝和玉皇大帝的神宫。但是在完工当年就遭遇了大地震而不幸被震塌。如今这座半塌的建筑依然保留着，成为一处纪念公园，成为当时惨烈大地震的见证人。在旧宫的一侧现在已开始筹划兴建新的武昌宫，以便将神像放置进去继续供奉。

14 集集神木

700多年树龄的老樟树

位于集集车站不远处，有一株高数十米的参天古树，这就是众人所说的集集神木。这是一棵具有700多年树龄的老樟树，是整个台湾屈指可数的古木，至今依然生机勃勃，当地人十分尊崇。这棵樟树的树荫覆盖范围达近千平方米。而且这里还设有公园，人们可以在此休息拍照，享受大自然赐予我们的恩惠。

TIPS

台湾省南投县集集镇集集街178-1号 乘坐员林客运于集集站下 049-276-3693 ★★★★

15 仁爱乡雾社

抗日义士的故乡

TIPS

台湾省南投县仁爱乡 乘台铁到埔里站换乘南投客运 049-280-2205 ★★★★

仁爱乡雾社是台湾著名的高山族部落。日据时期这里曾经发生过大规模的抗日起义，至今还留存着莫那鲁道抗日纪念碑以纪念那些死难的勇士。这座纪念碑由白色大理石筑成，上面刻着“碧血英风”四字。背后有抗日首领莫那鲁道的石像和他的墓地。此外位于附近的合欢山也是这里知名的景点，因山势陡峭多变而成为登山者的胜地。

16 明新书院

南投四大书院之一

位于集集镇的明新书院是一座建于清光绪年间的三合院型建筑。书院现在完全按照古代式样修复，主体为一座正殿和两侧的厢房，正殿里供奉着文昌帝君、紫阳夫子和制字先师。在殿前还有专门为祭孔而设的大埕。此外这里还摆放着石臼、石磨、犁头等农具，展现出这里的古朴风貌。

TIPS

台湾省南投县集集镇永昌里东昌巷4号 乘台铁到二水站换乘集集支线在集集站下 049-276-2374 ★★★★

17 松柏岭

台湾著名的茶叶产地

松柏岭位于南投县八卦山南坡，这里环境优美，是全台茶叶的主要产地。目前以金萱、翠玉、乌龙和四季春等茶叶品种最为知名。这几种茶各有各的特点，但也全都香气醇正，口感上佳。沿着山路还能看到很多香气四溢的茶场，四处设立的解说牌在让人学到制茶过程的同时更能了解这里的地理景观与特色。

TIPS

台湾省南投县名间乡名松路二段181号 乘彰化客运在松柏岭站下 049-258-0525 ★★★★

18 彰化八卦山

台湾著名的名胜大山

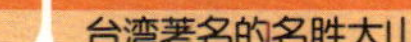

彰化八卦山规模庞大，自古以来这里就是著名的战场，留下了很多抗日起义军的遗迹。其中大佛景区是八卦山最具盛名的景观，这里有一尊高20多米的如来大佛。春秋两季四周的栾树相继开花，红黄两色将这里装点得分外妖娆。此外这里四周还种植着大片果林，一到收获季节这里便果香四溢，使人闻了口水都要流下来了。

TIPS

台湾省彰化县卦山路 乘西部纵贯线或高铁在彰化站下 04-722-2290 ★★★★

19 彰化孔庙 赏

台湾中部的大型孔庙

TIPS

台湾省彰化县永福里孔门路30号 从彰化火车站步行至孔门路即达 04-728-7488 25新台币 ★★★★

彰化孔庙是清代时修建的一座孔子庙宇，也是清代台湾学宫体制最为完整的一座学府。庙宇布局为四进三院式，主殿大成殿内供奉着孔子的画像，上面还悬挂着乾隆皇帝御赐的匾额。平时这里大门紧锁，游客只能从侧门而入。每年祭孔时，这里会举行盛大的仪式，届时大门洞开，孔庙的金碧辉煌一览无余。

20 武德殿 赏

由日本建筑改建的忠烈祠

武德殿是日据时期日本侵略者建造的用于训练警察武术与集会的场所，是一幢典型的日式建筑。内部设有神社，供奉日本诸多守护神。台湾光复后，这里改为彰化忠烈祠，开始供奉中华民族的人文始祖、黄花岗七十二烈士等革命先驱以及在抗日战争中牺牲的众多烈士，成为国人祭奠英灵的场所。

TIPS

台湾省彰化县东民街 乘开往鹿港的巴士在交通队站下 04-725-0057 ★★★★

21 古月民俗馆

彰化历史的展示地

古月民俗馆原身是毁于战火的天后宫，位于彰化中华路，是一幢圆顶四层的建筑，因为附近有一口清朝古月井而得名。馆内用翔实的图文资料介绍了彰化城的历史，还设有文艺表演场、展览室、史迹陈列室、多媒体剧场等设施。时常还会举办一些乡土文化活动，向外界介绍和推广彰化的旅游事业。

TIPS

台湾省彰化县中华路57号 乘105、123、153、173路公共汽车在孔子庙站下 04-727-9937 ★★★★

22 中华路夜市

逛

彰化最热闹的夜市

台湾省彰化县中华路 乘彰化客运在中华路站下 ★★★★

中华路夜市位于彰化县中华路一带，是彰化最负盛名的消夜和购物的场所。这里汇集了彰化诸多的知名小吃，其中当数有“彰化三宝”之称的彰化肉圆、肉饭和猫鼠面最为出名。此外姜丝大肠、粄条、红糟肉、烟肠等传统的客家饭菜也是这里的大热门。市面气氛热闹，让人印象深刻。

23 彰化扇形车库

存放蒸汽车头的老车库

彰化扇形车库始建于1922年，是在日据时期存放蒸汽机车车头的车库。车库里共有12个车道，各式车头一排排地进入库中，每个库房顶端还特地留出了排烟的烟囱。在车库前还有一个可以360度旋转的转盘，供车头进出或是转向使用。虽然这里早已沉睡了很多年，但是怀古的蒸汽车头依然能让初次来此的游客充满好奇。

台湾省彰化县彰美路一段1号 乘公共汽车6101路在民生路口站下 04-724-4537 ★★★★

24 彰化虎山岩

彰化名寺

虎山岩位于彰化县花坛乡岩竹村八卦山西北麓，是彰化三大名寺之一。因为其所在的山坡形状犹如一头卧虎，故而得名。庙中主要以祭祀观音菩萨为主，还供奉着十八罗汉、注生娘娘与福德正神等的塑像。在庙后还有一株相思树，已经有200多年树龄，至今依然苍翠满枝。

TIPS

台湾省彰化县花坛乡岩竹村虎山街1号 乘西部纵贯线或高铁在彰化站下 04-786-2054 ★★★★

25 彰化永乐街

逛

彰化商业形象的代表

永乐街是彰化城内一条很具特色的商业街，街上招牌整齐划一，街道干净明亮，面貌较之以往的老市集已经有了焕然一新的改变。这里销售的商品大多都是流行时装和流行饰物，因此很受喜爱现代风的年轻人的欢迎。而一些彰化地道的美食也能在这里品尝到，堪称彰化商业形象的代表。

TIPS

台湾省彰化县永乐街 乘彰化客运在太平街站下 ★★★★

26 广天宫

赏

大型综合神庙

广天宫位于百果山山后，地理环境优越，宫殿造型壮美，殿前还有两尊造型雄伟威严的石狮。正殿里供奉着孔子、关帝、太上老君、佛祖释迦牟尼等先贤神佛的塑像，左右两侧偏殿里有观音菩萨和地藏菩萨的塑像，常年香火旺盛不绝。在宫前还有非常广阔的广场，可以供人休息及遥望夕阳与欣赏夜景。

台湾省彰化县员林镇百果山山顶 乘彰化客运二水线在百果山站下 ★★★★

27 芬园宝藏寺

台湾中部的“三岩二寺”之一

TIPS

台湾省彰化县芬园乡进芬村彰南路三段135巷100号 乘彰化客运在宝藏寺站下车 04-952-2836 30新台币 ★★★★

宝藏寺位于彰化县芬园乡，建于清雍正年间。寺庙位居平原之上，坐东向西，面对高耸的九九峰。与虎山岩、清水岩、碧山岩、鹿港龙山寺并称为台湾中部的“三岩二寺”。主要奉祀妈祖和观音菩萨。前殿面阔三间，是传统的粤式风格建筑。正殿飞檐高耸，殿内悬挂“宝山第一”的匾额，传说是清嘉庆皇帝御赐的。

28 和美老街

彰化的农业老街

TIPS

台湾省彰化县和美镇 乘彰化客运在和美镇下 ★★★★

和美镇是位于彰化西北的一处小镇，这里主要以农业为主，保持了台湾传统街市的风格。街上的房屋大多都是有数十年历史的老屋。近年来当地政府大力发展旅游业，在老街上兴建形象商圈，汇集了多家当地美食店铺、传统工艺品商店及当地的知名老铺，也保存了很多日据时期的建筑，使得老街重新又焕发了生机。

29 道东书院

赏

彰化昔日讲学中心

台湾省彰化县和美镇和美西里和卿路101号 乘彰化客运在和美站下 ★★★★

道东书院是彰化地区昔日的讲学中心，取“王道东来”之意而命名。书院为一幢闽南风格的四合院建筑，龙脊凤尾，造型宏伟。院落分为前后两进，前一进为门厅，后一进则是讲学和祭祀的所在地。闲庭信步其间，琅琅读书声好似犹在耳边回响，这里也是当地民俗文化活动的主要举办地。

30 王功渔港

著名的牡蛎产地

王功渔港位于彰化县芳苑乡王功村，这里是著名的渔乡。王功渔港地理条件优越，拥有广阔的潮间带，是养殖牡蛎的绝佳场所。这里的海岸风景很美，时常能在涨落潮的时候看到招潮蟹、弹涂鱼等有趣的生物。海岸边灯塔、望海寮、竹筏等渔村景象也令人心醉不已。每当落日的时候，这里的夕阳映衬着海水，形成了“王功夕照”这一灿烂景色。

TIPS

台湾省彰化县芳苑乡王功村 乘员林客运在王功站下 04-893-6657 ★★★★

TAIWAN GUIDE

Tai Wan

畅游台湾

15

鹿港

鹿港是一座古朴的小镇，至今仍完好地保存着旧日的城区，保留了代代相传的建筑风格与手工风情的古街，令人遥想当年鹿港店铺林立“不见天”的店街奇景。鹿港是有着“繁华犹似小泉州”之称的台中第一大港。

01 鹿港小镇 逛

鹿港小镇我的家

台湾省彰化县鹿港镇 从台中或彰化火车站乘坐彰化客运即可到达 ☎04-777-2006 ★★★★

《鹿港小镇》这首脍炙人口的歌曲伴随着罗大佑那沧桑的歌声，传遍了华人世界，也将鹿港这个孤芳自赏的小镇推到了世人面前。旧时，鹿港小镇曾经是一处台湾中部文化与商业的重镇，17世纪荷兰人从鹿港登陆，之后郑成功也是由鹿港码头登陆并最终收复台湾。现在古镇内仍保存有大量明清时代的古老建筑和众多古迹，有“三大古迹、八景、十二胜”之称。此外，鹿港还以特色美食闻名于世，乌鱼子、凤眼糕等小吃让人欲罢不能。

02 古市街 逛

古朴的街巷

台湾省彰化县鹿港镇瑶琳街、埔头街 ★★★★

鹿港古市街是充满古朴厚重历史的老街巷，经过长期岁月的沉淀，这里的气氛已由从前的热闹繁华转为今日的淡泊悠闲。古市街沿街两侧多是传统的闽南式建筑，家家门前都挂着驱邪用的艾草，街边的商铺中有许多制作传统工艺的艺术家长住于此，经营木雕、童玩以及字画等，充满古朴的风韵。

03 瑶琳街

感受沿街古朴风韵

TIPS

台湾省彰化县鹿港镇瑶琳街 彰化客运站步行至瑶琳街大约10分钟即可到达 ★★★★

充满古朴风情的瑶琳街从清代康熙年间开始发展，街道两侧的建筑均是清代闽南风格。古老的木板门窗与门板上悬着的古铜门环、大门两旁的姓氏灯，无不流露出古色古香的韵味。在瑶琳街不仅可以欣赏众多古朴的建筑，还可以在沿街开设的茶馆喝茶小憩，感受这里古朴的味道。

04 摸乳巷

远近闻名的狭窄小巷

TIPS

台湾省彰化县鹿港镇菜园里三民路238巷 彰化客运站步行大约20分钟即可到达 ★★★★

摸乳巷因其独特的名字而闻名，这条长几十米的小巷已有百余年历史，最初是一条防火巷，最窄的地方不到半米，因而只能容纳一人勉强走过，如果有两人迎面相遇，只能彼此侧开身子勉强通过，故而吸引众多游人慕名而来。

05 十宜楼

赏

旧时文人墨客聚会之处

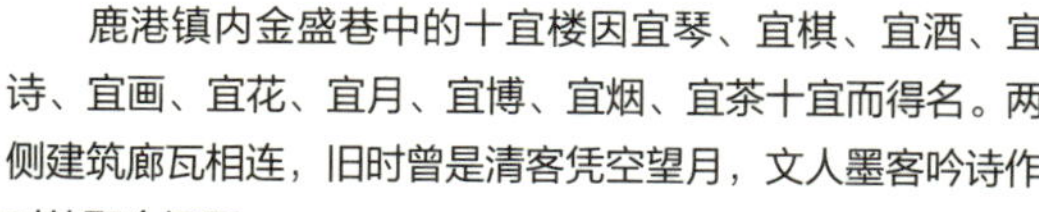

鹿港镇内金盛巷中的十宜楼因宜琴、宜棋、宜酒、宜诗、宜画、宜花、宜月、宜博、宜烟、宜茶十宜而得名。两侧建筑廊瓦相连，旧时曾是清客凭空望月，文人墨客吟诗作对的聚会场所。

TIPS

台湾省彰化县鹿港镇金盛巷 从彰化客运站步行至金盛巷大约10分钟即可到达 ★★★★

06 鹿港民俗文物馆

了解鹿港古镇的历史

鹿港民俗文物馆的前身曾是当地望族辜显荣的家族祖宅，当地居民多称其为“大和大厝”。文物馆内分为西式洋楼、旧式房舍和庭园区，展示了自先民时代至今的大量文献和当地居民的日常生活用品等器具，是了解鹿港古镇历史的绝佳场所。

TIPS

台湾省彰化县鹿港镇中山路152号 04-777-2019 130新台币 ★★★★

07 鹿港天后宫 

鹿港三大古迹之一

始建于1591年的鹿港天后宫，于雍正三年（1725）由施世榜献地修建，又被称为兴化妈祖宫。它是台湾历史上第一座妈祖庙，与台南市的大天后宫、北港的朝天宫、新港的奉天宫并称为“四大妈祖庙”。每年农历三月二十三日妈祖诞辰，这里都会人山人海，汇集众多祈愿上香的信徒。

TIPS

台湾省彰化县鹿港镇中山路430号 台湾省彰化客运鹿港站步行至中山路，大约10分钟即可到达 04-777-9899 ★★★★

08 鹿港新祖宫 

供奉“软身妈”的妈祖庙

兴建于清乾隆五十三年（1788）的新祖宫是台湾唯一一座由皇帝下令官费兴建的妈祖庙。为了与鹿港天后宫相区别，新祖宫中供奉的妈祖神像为“软身妈”，其头、手、颈为木雕，但身体则采用藤编。此外，妈祖神像两旁的金将军千里眼与柳将军顺风耳的神像都穿着清代官服，别具特色。

TIPS

台湾省彰化县鹿港镇洛津里埔头街96号 04-777-2497 50新台币 ★★★★

09 龙山寺 

欣赏精致的雕刻

主祀观音菩萨的鹿港龙山寺是鹿港古镇第一名刹。它是一座三进二院七开间的庞大院落，分为山门、五门殿、正殿、后殿等建筑。鹿港龙山寺最为闻名的就是这里的雕刻艺术，寺内随处可见精美的石雕、木刻，被誉为“台湾紫禁城”。尤其值得一提的就是鹿港龙山寺戏台上方的藻井结构，是台湾保存年代最早且最大的作品。

TIPS

台湾省彰化县鹿港镇金门街81号 台湾省彰化客运鹿港站步行至金门街，大约20分钟即可到达 04-777-2472 ★★★★

10 松本坊

百年历史的糕点店

TIPS

台湾省彰化县鹿港镇中山路417号 台湾省彰化客运鹿港站出站即可到达 04-777-5351 ★★★★

鹿港古镇不仅本身历史悠久，这里的店家也多是具有百年历史的老字号。创立于1911年的松本坊最初并没有店铺，当时的店主亲自提着木盒沿街叫卖。现今的松本坊已经成为一家专门经营素食酥点的店铺，游人可在这里品尝彩头酥、绿豆糕、绿茶酥、凤凰酥、凤梨酥等糕点。

11 锦兴饼铺 吃

彰化最有名的糕饼店

开业至今已有50余年历史的锦兴饼铺毗邻鹿港天后宫，是鹿港最受欢迎的一家糕饼店。20世纪80年代，锦兴饼铺的花生果酥和猪油米老还获得过食品金奖，90年代时更以凤凰酥、卤肉饼和咸豆沙荣获食品金奖。

TIPS

台湾省彰化县鹿港镇中山路371号 台湾省彰化客运鹿港站出站即可到达 04-776-5952 ★★★★

12 玉珍斋 吃

百年历史的饼店

创业于清光绪三年（1877）的玉珍斋是一家外观古色古香的百年历史老字号糕点店。在玉珍斋可以品尝近百种各色糕点，其中传统糕点松子酥和用纯凤梨制作的凤梨酥最受食客欢迎，一定不要错过。

TIPS

台湾省彰化县鹿港镇中山路168号 彰化客运鹿港站出站步行至中山路，大约15分钟即可到达 04-777-3672 ★★★★

13 黄月亮专业海产小品 买

鹿港第一家海产店

黄月亮专业海产小品是鹿港镇内第一家专业出售海产腌渍品的店铺。作为鹿港的特产之一，海产腌渍品是将蚵仔、蛛螺、小虾等海产品腌渍后装在透明的瓶中。在黄月亮专业海产小品店内除了海产腌渍品外，还可以买到香辣黄金虾猴、香辣竹蛤、香辣鲜蚵等。

TIPS

台湾省彰化县鹿港镇东崎里谢厝巷9-17号 彰化客运鹿港站出站步行至谢厝巷，大约5分钟即可到达 04-777-7193 ★★★★

TAIWAN GUIDE

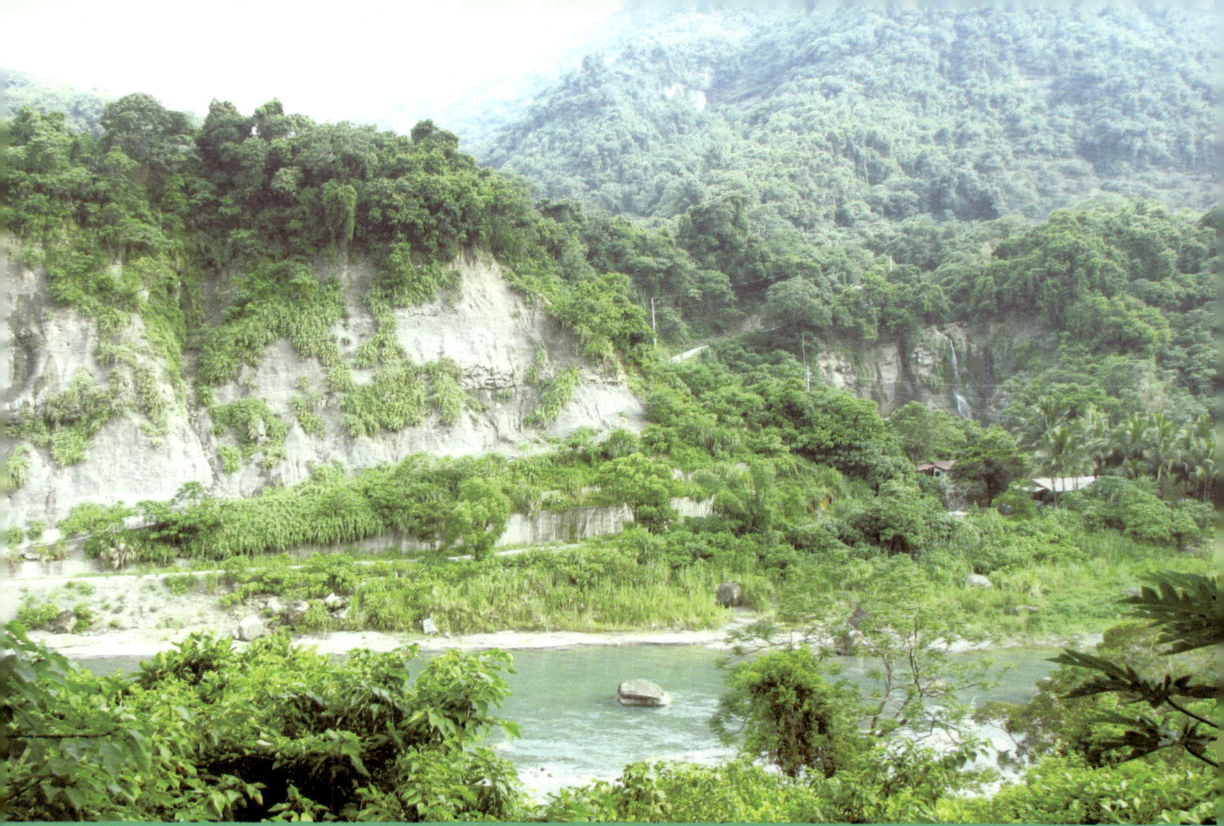

Tai Wan

畅游台湾

16

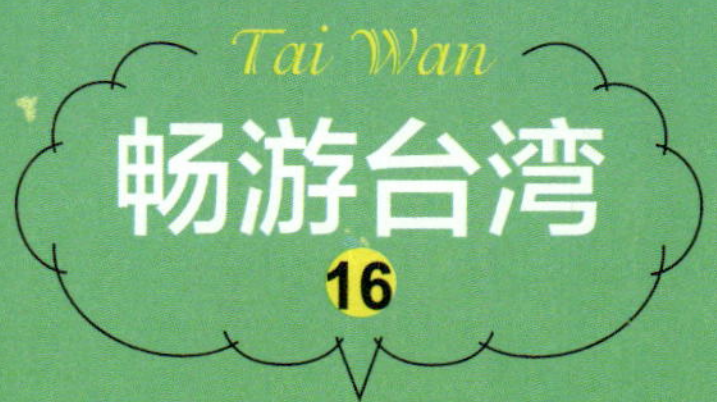

阿里山

阿里山是台湾省最具代表性的景点，以日出、云海、高山铁路、森林和晚霞这五种奇特的风景著称，在全世界都是非常有名的，是台湾省最理想的避暑胜地。

01 阿里山风景区

象征台湾的高山

TIPS

台湾省嘉义市阿里山乡 乘开往阿里山的旅游巴士即可到达 05-259-3900 200新台币 ★★★★

阿里山是台湾的象征之一，美景缤纷为人称道。这里气候温和，即使是盛夏时节依然清凉宜人，是全台最理想的避暑胜地。山间有多处溪谷断崖，且雨量充沛，是植物生长得天独厚的优越地区，因此这里拥有大量的天然植被，巨木参天，遮天蔽日。日出、云海、铁路、森林、晚霞更是被誉为阿里山五奇。

看点01 阿里山步道 山间的步行小道

阿里山步道是游人了解和亲近阿里山的最好地方，阿里山有多条步道从不同的方向直通山顶，其中连接里佳和山美的里美步道最为有名。这条步道高低落差达600多米，路两边山峦层叠，花草遍野，流水潺潺。春季还能看到美丽的樱花，别有一番韵味。

看点02 祝山 阿里山的最高点

海拔2500多米的祝山是阿里山的最高点，是整个阿里山地区观赏日出的最佳场所。游客可以乘坐祝山小火车上到山顶。山上有观日天台，天台正中雕刻有太阳的形状，还设有在阳光下会发出五色光彩的彩虹光缆。

看点03 慈云寺 著名的佛祖坐像

坐落于阿里山山间的慈云寺始建于1919年，虽然寺的规模不大，但是寺中却供奉着一尊铜体贴金的佛祖坐像。这尊坐像是泰国国王赠与日本天皇的礼物，十分珍贵。寺庙四周植物丰富，马蹄莲、白玉兰、宝石花等满地生长，开花时节相当漂亮。寺里还提供阿里山特产的梅子，酸酸甜甜，值得一尝。

看点 04 高山植物园博物馆 介绍阿里山自然物产的博物馆

阿里山高山植物园博物馆位于慈云寺大门左侧。博物馆建筑是传统的日式木质小屋，馆内陈列着阿里山常见的动物、植物、矿物等标本，以及早期先民在这里伐木集材使用的工具等。馆内图文并茂，资料丰富，能让每一个来到阿里山的人都对这座大自然的宝库有更深入的了解。

看点 05 阿里山森林铁路

穿越阿里山的铁路

阿里山森林铁路修建于日据时期，最初是为了运输木材而建的，而且依照山势建成不同的轨道形状，火车在山上时而前推，时而后拉，被人戏称为“阿里山火车常碰壁”。如今它已经成为观赏阿里山景色最方便快捷的一种方式。

看点 06 姐妹潭 拥有悲伤传说的湖

姐妹潭是位于阿里山山间的天然小湖，分为姐潭和妹潭两处。潭水并不深，但是清绿如碧，绿油油的好似凝固了一般。不时还有一股烟气从湖面拂过，显得很神秘。而且这里还流传着一对姐妹为了一个男子双双殉情的凄美传说，更为这里增添了一丝悲剧的色彩， 让人叹息不已。

02 老杨方块酥 吃

老式面食新做

TIPS

台湾省嘉义市民国路179号 乘市区2、7318、7311、7320、7327路公共汽车在地方法院站下 05-275-1046 ★★★★

老杨方块酥位于嘉义有“面食街”之称的民国路上，是嘉义三家经营方块酥的知名店家之一。方块酥算是嘉义的一种传统面食，但是老杨方块酥将这种传统食物逐渐创新，开发出了很多新品种。在保留传统味道的同时加进了很多新的配料，使得这种老式糕点重新焕发了新的生机和活力。

03 嘉义城隍庙

嘉义著名的城隍庙

台湾省嘉义市东区佑民里七邻吴凤北路168号 乘往梅山、新乐寮、竹岐的嘉义县营公共汽车于东市站下 05-224-3339

★★★★

嘉义城隍庙位于嘉义市中心，建于清康熙年间，是台湾历史最悠久的城隍庙之一。当嘉义遭受外来炮击时，因这座庙宇岿然不动，被称为神庙。如今这里依然牌坊巍峨，建筑富丽雄伟，殿内雕梁画栋，各种兽雕龙柱制作精美。值得一提的是庙中存放了一座有80多年历史的神舆，这座神舆完全由狗骨雕成，不用一根钉子，其雕工之复杂精细可见一斑。

04 嘉义北回归线天文广场

位于北回归线上的天文广场

TIPS

台湾省嘉义县水上乡下寮村鸽溪寮 乘嘉义客运在北回站下

05-286-4905 ★★★★

嘉义北回归线天文广场距离嘉义市区4公里，北回归线正好从这里穿过。广场上有太阳广场、九大行星戏水区、时光轨迹、绿色隧道、星座区、古天文步道、古天文区、北回归线太阳馆、北回意象标线和历代标展示区等多个部分，设有古代日晷等仪器，让游客对太阳的运行等天文知识有一个初步的了解。

05 嘉义市史迹资料馆 

展现嘉义的发展变化

嘉义市史迹资料馆是由日据时期的日式神社及其周边附属建筑改造而来的。这里的建筑是日本传统的“书院造”式的，完全由木结构搭建而成，构造精美、优雅，在闽南地区也是独树一帜的。这里通过新旧图片的对比和多媒体的互动，将嘉义市数十年来的变化和发展呈现给游人。

台湾省嘉义市东区公园路42号市政府服务中心 乘县营公共汽车市区2路于嘉义公园站下 05-271-1647 ★★★★

06 嘉义公园  玩

嘉义主要的休闲公园

台湾省嘉义市东区公园路46号 乘县营公共汽车市区2路于嘉义公园站下 05-276-7016 ★★★★

嘉义公园位于嘉义市的东侧，公园内绿化良好，林木苍翠，潺潺的流水从各色树木中穿过。园内建有儿童游戏区、溜冰场等适合小朋友们玩耍的设施，还有被誉为镇园之宝的阿里山森林铁道老火车头和乾隆皇帝御笔题写的福康安生祠碑。此外嘉义古城的太保楼等古迹也是这里的重要景观。

07 洪雅书房 

富有少数民族特色的书店

洪雅书房在台湾各地都相当有名，这家书店很具自己的特色，店内的装饰完全参考了当地少数民族的艺术风格。书店的主人一直致力于慈善事业，立志要改变嘉义贫困人民的命运。在书店里放的书很多都是针对那些社会弱势人群、边缘团体、乡村民众的，以普及文艺活动和发展农业内容的图书为主。

TIPS

台湾省嘉义市长荣街116号 乘7304、7305、7310、7315路公共汽车在东市场站下 05-277-6540 ★★★★

08 文化路夜市

嘉义最热闹的夜市

TIPS

台湾省嘉义市文化路 从嘉义火车站沿中山路直行到中央喷水池左转 05-225-4321 ★★★★

嘉义市位居台湾的中部偏南地区，拥有自己的特色文化和小吃。而市内的文化路夜市正是展示嘉义特色的大舞台。文化路长达500米，白天这里是普通的车道，到了晚上，各种小吃摊和小卖场就会在这里支起来。其中蚵仔煎、鸡肉饭、香肠、仔汤等特色小吃最为著名，也最受食客的欢迎。

09 中华民族村

阿里山公路上的主题公园

中华民族村位于嘉义县中埔乡，是阿里山公路上唯一的大型主题公园。在这里闽南式的古典花园和欧式花园交相辉映，湖光山色，如诗如画。民俗馆内有描绘少数民族生活和劳动的蜡像馆，还有可供人们观赏的电影馆，更有首创的宫廷式水上舞台，演员在舞台上翩翩起舞，和着波光粼粼的水面，更显柔美景致。

TIPS

台湾省嘉义县中埔乡 ★★★★

10 喷水鸡肉饭

嘉义知名特产

鸡肉饭是嘉义的知名特产，主要是用火鸡肉为原料，淋上食用油拌在白饭里，口感油而不腻，鸡肉鲜嫩可口。喷水鸡肉饭是一家制作鸡肉饭的老铺，位于嘉义市喷水池圆环边。这里的火鸡肉选材上等，咀嚼起来香气横溢、嚼劲十足，因而引起了一股鸡肉饭旋风，无数人跟风而上，将鸡肉饭推广到了全台湾。

TIPS

台湾省嘉义市中山路325号 乘7302、7308、7311、7314、7318路公共汽车在中央喷水池站下 05-222-2433 ★★★★

11 嘉义九华山地藏庵

嘉义最大的地藏庵

位于嘉义民权路上的九华山地藏庵是300多年来嘉义地区民众的信仰中心。庵中的北狱楼是嘉义地区最高的寺庙建筑，共七层，高135米，依次为地藏菩萨本殿、大雄宝殿、大悲殿、弥陀殿、药师殿、大愿殿等殿堂。1层的梁上还挂有地藏菩萨计算人间善恶的大算盘，古色古香。

TIPS

台湾省嘉义市东区民权路225号 乘5路公共汽车至法院站下 05-222-2555 ★★★★

12 奋起湖

景致多变的美丽湖景

奋起湖位于嘉义竹崎乡中和村，因为四面环山，形如畚箕，所以也称“畚箕湖”。这里有形状为四方形的“四方竹”、枇杷和山姆两种树根纠缠在一起的“义母树”等奇异植物，有栖息着200多只蝙蝠的“蝙蝠行宫”、看日出的胜地“大冻山观日峰”等自然景区。配合周围老铁路线和老车站，形成独具特色的自然风光。

TIPS

台湾省嘉义县竹崎乡中和村 乘往奋起湖方向的嘉义县公共汽车 05-259-3900 ★★★★

13 新港奉天宫

嘉义最重要的妈祖庙

新港奉天宫是嘉义著名的妈祖庙，为一幢四进三院的传统建筑。从正门到前殿均有精美的石刻做装饰，内容丰富，雕工精致。正殿里供奉着妈祖神像，这座神像是用整块樟木雕成的，非常华丽。后殿里供奉着观音菩萨，两侧厢房供奉着城隍爷、开漳圣王、关圣帝君、文昌帝君等神灵，每天香火繁盛，热闹非凡。

TIPS

台湾省嘉义县新港乡大兴村新民路53号 乘往北港的县营公共汽车或嘉义客运新港站下 05-374-2034 ★★★★

14 中正大学

台湾知名大学

TIPS

台湾省嘉义县民雄乡大学路一段168号 乘公共汽车7306、7310路在中正大学站下 05-272-0411 ★★★★

中正大学是台湾的知名学府，是为了纪念蒋介石而建的。校园内的建筑大多都是红砖建成，显得庄重而典雅。四周遍植花木，林木葱茏，校内人工湖沉静如镜，一片大好风光。学校里设施先进，具有最现代化的视听功能的图书资讯大楼可以满足教师和学生的各种工作娱乐需求。造型现代化的学生宿舍也很吸引人的眼球。

15 曾文水库

台湾第一水库

曾文水库位于嘉义县和台南县的交界处，是台湾第一大水库。水库周围重峦叠嶂，碧波万顷。水面烟波浩渺，一眼望不到头。周边开辟了溪畔游乐区、鸟宫花园、水库观景台等诸多娱乐设施，还有很多经营新鲜水产的餐馆，既可以观赏美妙的山水景观，更可以品尝这里特产的新鲜水产，可谓一举两得。

TIPS

台湾省嘉义县大埔乡和平村双溪9-3号 乘往曾文水库的兴南客运 06-575-3251 ★★★★

TAIWAN GUIDE

Tai Wan

畅游台湾

17

台南

台南市是台湾岛上历史最悠久的城市，作为台湾最初设立首府的所在地，台南是一座怀旧气息与南国活力并存的城市，古都独有的魅力吸引了世界各地游客的目光。

01 台南车站

台湾最西端的火车站

台南车站是台湾最西端的火车站，建成于1936年。建筑整体外观为白色，有岸式月台、岛式月台各一座。同时这里也是台湾车站中唯一拥有旅馆部的，旅馆共有9个房间，样式也是当时台南仅有的西式套房。如今这里还配备了舒适的软式座椅以及可以播放各种消息和新闻的超大型屏幕，让人可以舒服地候车。

TIPS

台湾省台南市东区北门路二段4号 乘火车在台南车站下 06-226-1314 ★★★★

02 中正路

“台湾银座”

台南市的中正路曾经是台南最主要的交通干道。沿街分布着一大片各式商店，而且商店建筑设计统一，规划整齐，景色很像东京的银座，因此也被称作“台湾银座”。如今这里依然是台南市经营小吃等传统美食的地方，诸如担仔面、羊城油鸡等在这里都能品尝到。

TIPS

台湾省台南市中正路 乘1、2路公共汽车在民生绿园站下 ★★★★

03 赤崁楼

荷兰殖民者的“红毛楼”

TIPS

台湾省台南市中区民族路212号 乘台南市公共汽车17路或市区公共汽车3、5、88、99路于赤崁楼站下 06-223-5665 50新台币 ★★★★

赤崁楼的前身是荷兰殖民者所建的欧式建筑，俗称“红毛楼”，它是荷兰殖民者统治全岛的中心。在郑成功收复台湾后逐渐被废弃，后来这里又修建了中式祠堂。如今这里集文昌阁和海神庙的功用于一体。在城楼下留存有乾隆年间所立的9座由大石龟背负的石碑，充满了历史的沧桑感。

04 赤崁棺材板

台南传统名菜

TIPS

台湾省台南市中区中正路康乐市场第180号摊位 乘坐台南公共汽车14路在中正商圈站下 06-224-0014 ★★★★

赤崁棺材板这名字乍听之下有点吓人，但它实际上是台南地区的一道名菜。这种菜是把炸过的面包做成箱子状，在里面放上用高汤煮过的墨鱼、鸡肉、胡萝卜、洋葱等，最后盖上一片面包片而成。吃起来香甜可口，唇齿留香，是台南最受人欢迎的一道菜。每个来到台南旅游的客人都会来到位于台南的这家赤崁棺材板品尝一下最正宗的滋味。

05 阿霞饭店

吃

回忆妈妈做的饭的味道

TIPS

台湾省台南市中区忠义路二段84巷7号 乘坐台南公共汽车14路在吴园站下 06-222-4420 ★★★★

阿霞饭店是台南知名的老饭店，创办至今已经有60多年的历史。这里素以用料讲究、做工精细而闻名。饭店里的招牌菜红蟳米糕是每个食客来到后必点的一道菜，香肠熟肉那传统的台南口味更是让很多当地人想起了自己的母亲当年做出的滋味。每年母亲节这里都会人满为患，人们都聚集在此为自己的母亲贺祝节日。

06 台南孔庙

赏

台南人精神的体现

台南孔庙不光是台南的地标，更是台南人的精神所在。这座孔庙始建于明永乐年间，是台湾最古老的孔庙。大门处的一块"全台首学"的金匾正印证了这里的悠久历史。正殿大成殿中供奉着孔子的灵位，殿后还有文昌阁等附属建筑。在庙正中有一方泮池，这里潺潺涌泉喷流不绝，很是美丽。

TIPS

台湾省台南市中区南门路2号 乘2、5、6、7、15、19、25、26路于民生绿园站下 06-221-4647 25新台币 ★★★★

07 台南祀典武庙 

历史悠久的关帝庙

TIPS

台湾省台南市中区永福路二段229号 乘台南市公共汽车17路或市区公共汽车3、5路于赤崁楼站下 06-220-2390 ★★★★

台南祀典武庙位于台南市中区，这是一座已经有300多年历史的关帝庙。庙宇共分三进，长达66米的朱红色山墙将整个庙宇围了起来，气势恢弘。正殿位于正中，为了加强空气流通而使得木质建材保存年限加长，该建筑使用了镂空的透雕窗户，殿中供奉着威风凛凛的关帝坐像，一旁还有周仓、关平等陪祀。

09 台南大天后宫 赏

王府改建的天后宫

台南大天后宫和武庙相邻，这是全台湾数百座妈祖庙中第一座“官建”的妈祖庙。而且由于改建自明朝的王府，所以天生就有一种富丽大气的气质。无论是门口的石狮还是殿前的丹陛都显示了皇家气派。宫内三川门、拜殿、正殿和后殿等建筑逐层提高，错落有致，古代皇宫的气派尽显无遗。

TIPS

台湾省台南市中区永福路二段227巷18号 乘台南市公共汽车17路或市区公共汽车3、5路于赤崁楼站下 06-221-1178 ★★★★

08 武庙肉圆 

武庙前的传统美食

在台南武庙的大门附近有一个专门出售肉圆的小摊，摊主在这里已经经营了几十年。这里的肉圆皮薄汁多，肉质鲜嫩。吃一口满口都是鲜香的汁水，而且油而不腻，价优量足。因此这里常常会排上一大列的队伍，而且这里的肉圆都是使用当天最新鲜的猪肉，每天限量供应。

TIPS

台湾省台南市中西区永福路二段225号 06-222-9142

10 台南五妃庙 

纪念五位殉国的妃子

台南五妃庙是为了祭祀随明朝宁靖王一起殉难的五位王妃所建的。这座庙宇小巧玲珑，含有拜亭、正殿和几座厢房，里面奉祀着五位王妃的灵位。庙右侧还有一座小祠堂，主要供奉伴随宁靖王一起殉节的两位侍从。庙后还紧邻着五妃的墓地，立有纪念墓碑，以供后人瞻仰凭吊。

TIPS

台湾省台南市中区五妃街201号 乘市区公共汽车2路于南门路站下 06-221-4647 ★★★★

11 台湾文学馆 

第一家介绍台湾文学史的博物馆

TIPS

台湾省台南市中西区中正路1号 自台南市火车站沿中山路步行即可到达 06-221-7201 ★★★★

台湾文学馆是从日据时期的“台南州厅”改建而来的，这里主要以收集、整理、典藏与研究台湾近代文学史料为主，是台湾第一家专门研究台湾文学历史的博物馆。在这里除了陈列有大量的史料外，还有图书馆可以供人阅览。此外，该博物馆还通过一系列的文化活动拉近普通民众和文学之间的距离。

12 神农街 

并列的老式建筑风貌

早在清代，神农街就是位于台南五条港区的重要交通要道。如今全长114米的街道经过一系列的整修之后，将传统风格和现代美感结合在一起。在街道两侧并列着一座座两层老式楼房，这些楼房都有百年历史。当时建造时没有打地基，所以这些楼房只能通过共用墙壁来保持平稳，如今已成为街上一道特别的风景线。

台湾省台南市中西区神农街 ★★★★

13 度小月担仔面 

台南最著名的小吃

度小月担仔面是台南地区最著名的小吃，这是90多年前由当地一位渔民为了度过打鱼淡季而发明的。因为打鱼淡季也称“小月”，这种面因此而得名。度小月担仔面口味独特，它的肉臊尤其富有特点，为了保证臊子的鲜度而将其一直放在高汤中煮。需要吃的时候捞出洒在面上，加上虾子，那鲜美的滋味让人无法抗拒。

台湾省台南市中区中正路16号 乘台南公共汽车1、7路在民生绿园站下 06-223-1744 ★★★★

14 台南测候所

台湾气象观测的启蒙地

TIPS

台湾省台南市中西区公园路21号 自台南市火车站沿花园路步行即可到达 06-345-9220 ★★★★

台南测候所是在日据时期修建的用于气象观测的建筑，主要由一批圆形建筑物和烟囱型塔楼构成，也被当地人称作“胡椒管”。这座建筑物的结构非常有特点，屋面钢条组成的18根大梁通过中央圆塔内环墙，再经中环墙顶部在塔的外环墙上会聚而成，它是台湾当时少有的高层建筑物。

15 台湾成功大学

台湾的杰出高校

台湾成功大学是台湾一所优秀的研究型大学。大学内共分8个校区，每个校区都紧紧相连。近年来，成功大学在理学、工学、医学、人文、管理学、设计与规划等学术领域均表现杰出。校内有一座历史悠久的钟楼，被视作学校精神的象征。

TIPS

台湾省台南市东区大学路1号 台湾省台南车站步行至大学路，大约10分钟即可到达 06-275-7575 ★★★★

16 台南地方法院

西式风格的行政大楼

台南地方法院的原址为史学家连横的住宅，是一座建于日据时期的建筑。法院的行政大楼采用了西式风格，是一座圆顶大楼，显得尊贵而高雅。门前还开辟有一小块绿地公园，里面安放着一些样式新颖的座椅供人休息，还有一处原来登记结婚所使用的礼堂面板。

TIPS

台湾省台南市健康路三段308号 乘台南市公共汽车14路在健康二街口站下 06-275-7575 ★★★★

17 台南开元寺 

传统的三殿式寺庙

台南开元寺由郑成功的儿子郑经所建，曾经作为郑氏的别馆使用。清朝时候改建为寺庙，并进行扩建。这里是传统的三殿式建筑，在台湾也算是很少见的大型佛寺。前殿供奉弥勒佛和四大天王，正殿大雄宝殿内供奉释迦牟尼、阿难尊者和文殊菩萨。后部大士殿中供奉观音菩萨，两侧还有偏殿和厢房。

TIPS

台湾省台南市南区北园街89号 乘市区公共汽车5路于开元站下 06-237-5635 ★★★★

18 台南市忠烈祠 

日式神社改建的中式宫殿建筑

台南市忠烈祠位于台南的南门町，是由日据时期的日本神社改建而来的。建筑造型为中国传统的宫殿式，原本门口的日式鸟居也改为中式牌坊，并写上了“浩气千秋”四个大字。忠烈祠内存放着一对铜马和一对铜狮，浑身的铜绿在向人们诉说着它们悠久的历史。

TIPS

台湾省台南市健康路的体育公园内 乘市公共汽车702路于竹溪寺站下 06-299-1111 ★★★★

19 花园夜市 

台南最热闹的夜市

TIPS

台湾省台南市北区海安路与和纬路交会处 ★★★★

花园夜市是台南规模最大的夜市，这里的热闹程度即使是饱经台湾各地夜市洗礼的人也会吓一大跳。在熙熙攘攘的人群中想要慢悠悠地逛是一种不现实的事情，让人怀疑是不是台南的人都汇集到这里了。一路上大概摆着数百个摊位，无论是小吃摊还是日用品摊都是人满为患。人声鼎沸好似一座不夜之城。

20 小北成功夜市 

台南小吃的集萃

小北成功夜市可以说是台南传统小吃的大集萃，于1985年正式开业的夜市至今已经拥有了200多个常驻摊位。每天都有不少游客来到这个小吃圣地来朝圣。台南传统的鳝鱼面、米糕、旗鱼羹等都是这里的招牌美食，可千万不能错过。

TIPS

台湾省台南市北区西门路四段171巷内 ★★★★

21 台湾开拓史料蜡像馆 赏

介绍台湾先民开拓的历史

台湾开拓史料蜡像馆的前身是英国商行“德记洋行”，1981年时改造为蜡像馆。这座建筑外观为白色，显得优雅而有气质。馆内展出了不少栩栩如生的蜡像，将先民们在台湾开拓土地，生活下来的历程展现了出来。同时还通过大量的图片资料，将这里的发展历史介绍给每一个游客。

TIPS

台湾省台南市安平区古堡街108号 乘市区公共汽车2路于安平站下 03-391-0901 20新台币 ★★★★

22 台南延平郡王祠 赏

纪念民族英雄郑成功

TIPS

台湾省台南市中区开山路152号 乘台南市公共汽车6、17路于延平郡王祠站下 06-213-5518 50新台币 ★★★★

延平郡王祠，即郑成功庙，是为了纪念民族英雄郑成功而建的庙宇，也是全台第一座郑成功祠。庙宇建筑精美，占地广阔，红墙绿瓦是典型的闽南式建筑。庙中供奉着郑成功及郑氏各位家臣的牌位。每年这里还会举行祭祀活动，是台湾祭礼最为隆重的一家郑成功庙。

23 振发号茶庄 买

百年历史的老茶庄

振发号茶庄位于台南市民权路上，这里历经百年历史，依然生意兴隆。这家店是以经营福建武夷茶为主，熟茶都是由店主亲自烘焙而成。而且店家素以“信用”二字而闻名，因此从不提供茶叶的试饮。而茶叶的包装也都是沿袭古法用两张白纸包得四四方方，并且加盖了火红的“百年印章”，以示对茶叶的尊重。

TIPS

台湾省台南市民权路一段131号 乘坐台南公共汽车6路在延平郡王祠站下 06-779-2026 ★★★★

24 第三代虱目鱼丸 吃

百年老牌子的鱼丸小吃

台南孔庙旁的虱目鱼丸如今已经传到了第三代，这里的鱼丸是采用了当地特有的虱目鱼作为材料，而且在鲜度等方面有着极高的要求。就是在这样的严格要求下，打出的鱼丸和虾丸都极有嚼劲，味道鲜美，汤汁也让人回味无穷。鱼丸本身柔软无比，无论老人还是小孩，都可以放心地品尝这一美味。

TIPS

台湾省台南市府前路一段210号 ☎06-220-9539 ★★★★★

25 周氏虾卷 吃

传统海鲜美食

台南安平临近大海，水产极多，因此这里的传统美食虾卷也十分美味，周氏虾卷更是其中的佼佼者。创始者周老板潜心研究这种小吃很多年，终于将其发展成为虾卷王国。这里的虾卷外皮酥脆，里面包着火烧虾、猪肉馅、鱼浆等新鲜的材料，口感非常好。店家更备有礼盒供客人送礼等使用。

TIPS

台湾省台南市安平区安平路125号 乘高雄客运2路公共汽车于安平站下 ☎06-229-2618 ★★★★

26 鹿耳门天后宫 赏

郑成功登陆台湾后建立的第一座天后宫

鹿耳门天后宫位于台南市安南区，这是郑成功登陆台湾后建立的第一座天后宫。天后宫内有三川门、三川殿、正殿、后殿等建筑，通过回廊相连接，是典型的闽南风格的庙宇建筑。这里所供奉的鹿耳门妈祖神是附近最受人推崇的，每年这里都会举行盛大的祭典活动，热闹非凡。

TIPS

台湾省台南市南安区显草街三段1巷236号 乘市区公共汽车3路在海东国小站转乘市区公共汽车10路于鹿耳门天后宫站下 ☎06-284-1386 ★★★★

27 土城圣母庙

明朝时期的软身妈祖像

土城圣母庙也称鹿耳门圣母庙，号称是东南亚最大的中国式庙宇建筑。占地约15公顷，主要包含五王殿、圣母殿、佛祖殿三大殿，可以同时容纳万人进香。圣母殿中供奉的两座软身妈祖像尤为珍贵，是明朝时名家所作。逢年过节这里都会举行很多民俗活动，是当地重要的盛会。

TIPS

台湾省台南市南区城安路160号 乘台南市公共汽车29路于圣母庙站下车 06-257-7047 ★★★★

28 安平古堡

赏

荷兰人的统治中心

安平古堡有“奥伦治城”、“热兰遮城”、“安平城”、“台湾城”等多个别名，在荷兰殖民者入侵时曾是他们的统治中心。日据时期被日本人改造为海关宿舍。古堡现存的遗迹包含内城残缺的半圆堡及古井遗址，外城处还有北、南、西南棱堡遗址。古堡内修建有纪念馆，馆内展出了大量的历史资料。

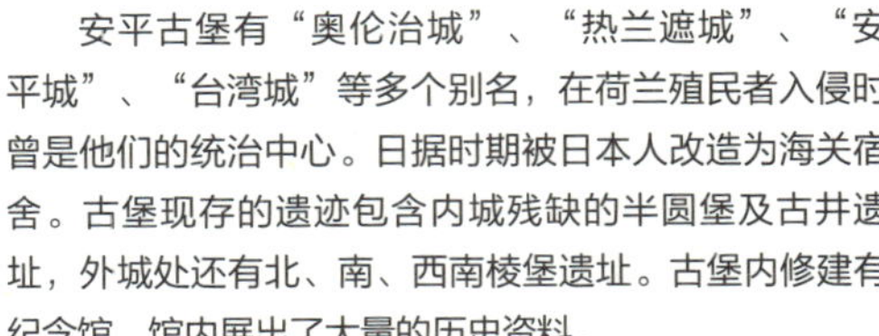

TIPS

台湾省台南市安平区国胜路82号 乘台南市公共汽车15、24路于安平古堡站下 06-226-7348 50新台币 ★★★★

29 古堡蚵仔煎

40多年历史的台湾小吃

蚵仔煎是台湾较为常见的一种小吃，位于安平古堡旁的古堡蚵仔煎至今已经经营了40多年。这里的蚵仔煎选料上乘，都使用最新鲜的蚵仔，同时保持了40多年来一直不变的乡土味道，很受游人的欢迎。每到假日，店门口总是排起长龙，是到安平绝对不容错过的小吃名点。

TIPS

台湾省台南市安平区效忠街85号 乘台南公共汽车2路在安平树屋站下 06-228-5358 ★★★★

30 安平开台天后宫 

台湾妈祖之源

安平开台天后宫位于安平古堡旁。这里的妈祖像是郑成功在收复台湾后亲自去湄洲迎来的，称为郑氏的“护军妈祖”，因此有着特殊的意义。现在台湾各地的妈祖庙大多都是由这里分灵出去而建的。这座天后宫规模宏大，建筑雄伟，尤其以雕梁画栋的正殿为最。殿中除了妈祖像外，还供奉着郑成功的塑像。

TIPS

台湾省台南市安平区国胜路33号 乘市区公共汽车2路于安平站下 06-295-1915 ★★★★

31 延平街 

台湾第一街

延平街素有“台湾第一街”的美称，这条大街上市集林立，游客众多，十分繁华。糕饼铺、小吃店、布庄、打铁店、中药铺、蜜饯店等一应俱全。很多在台湾别处早已消失的行业在这里也都能看到。这里还出售安平特产“剑狮”，传说这种小工艺品可以守护家宅平安，是很多游客的最爱。

TIPS

台湾省台南市安平区国胜路 乘往安平的市公共汽车2路于安平邮局站下 06-295-1915 ★★★★

32 顽皮世界野生动物园 

亚洲第一家私家动物园

TIPS

台湾省台南县学甲镇顶洲里75-25号 乘对开的新营客运于宅仔港站下 06-781-0000 480新台币 ★★★★

开业于1994年的顽皮世界野生动物园是全亚洲第一家私人野生动物园。园区占地约20公顷，饲养了来自世界各地的上百种野生动物。按照动物的生活习性将它们分隔开来，并不强制用铁笼围栏，成为一座半开放的动物园。这里有东南亚种类最多的两栖爬行动物，每个人在这里都能大开眼界。

33 珊瑚潭 

形如珊瑚的水库蓄水湖

珊瑚潭即乌头山水库，蓄水而成的湖岸蜿蜒曲折，潭水面积达1300多公顷，从高处望去好似一株枝干繁茂的绿色珊瑚。潭中还有零星小岛100多个，四周遍布山林。这里是台南最重要的旅游景点，水库周边丰富的游乐设施和自然的秀丽风光能让每个来台南的游客都尽兴而归。

TIPS

台湾省台南县官田乡嘉南村68-2号 乘往白河的新营、台南客运在嘉南村站下 06-698-2103、06-698-6388 200新台币 ★★★★

TAIWAN GUIDE

Tai Wan

畅游台湾

18

高雄

高雄市毗邻台湾海峡，是台湾第二大都市，素有“港都”之称。风景秀美的高雄拥有众多观光景点，西子湾风景区以其秀丽的风景被誉为“台湾西湖”。

01 爱河

生命之河

TIPS

乘1、2、60、88路公共汽车在盐埕圆环站下车 07-281-1513 ★★★★

爱河是著名的旅游景区，它拥有繁华的现代都市中难得的自然风景，是人们放松身心、忘却压力的地方。爱河被誉为高雄的生命之河，它的上游灌溉了附近的农田，给人们带来清新的田园风光；下游则是深受欢迎的河滨旅游区，游客们可以乘坐游船，欣赏高雄市区的美丽风光。高雄的元宵节灯会和端午节的划龙舟比赛也都是在这里举行的。

02 高雄85大楼

高雄的标志性景点

高雄85大楼是这个城市的地标式景点，来到这里的人们可以乘坐电梯来到位于75层的观景平台，俯瞰市区内的繁华风光。74层则拥有360度的球形观景大厅，游客们在这里除了能看到一座座钢筋铁骨的摩天大楼和那些充满后现代主义色彩的奇妙建筑外，还能遥望远方那一望无际的大海，同时这里还是观看夕阳落入大海这一美景的绝佳地点。

TIPS

台湾省高雄市自强三路1号 乘坐78、83、100、8039路公共汽车在85大楼站下车 07-566-8000 100新台币 ★★★★

03 自强路夜市

集美食、购物于一体的夜市

TIPS

台湾省高雄市自强路 乘2、100路公共汽车在成功国小站下车 ★★★★

自强路夜市是一条著名的小吃街，这里不但会聚了高雄地区的各种地方风味，还有来自台湾其他地区的民间美食。这里的一大特色产品是鲜榨果汁，路边的小摊上摆满了各种时令水果，游人们可以任意挑选自己喜欢的水果，让摊主压榨成汁水。来到自强路夜市还能购买当地出产的各种工艺品和旅游纪念品，它们都是作为留念和馈赠亲友的好选择。

04 高雄愿景馆

高雄的城市纪念馆

具有日本明治时期建筑风格的高雄愿景馆本是高雄市最早的火车站，建于日据时期，后被迁移改造为一个记录高雄城市发展的纪念馆。这个展馆还详细介绍了高雄的诸多旅游休闲景区，并提供各种纪念品。多功能历史回廊区是这里的核心景点，来到这里可以看到高雄地区不同时期的发展风貌，以及对未来的远景规划。独特的3D虚拟互动区则展示了光之塔、高雄港、爱河等多个景区的独特魅力。

TIPS

台湾省高雄市三民区建国二路318号 乘捷运高雄站下 07-236-2710 ★★★★

05 城市光廊

独特的光线旅游节

TIPS

台湾省高雄市前金区中华三路6号，中华四路、中山路、五福三路交叉口 乘坐33路公共汽车在中央公园站下车即可到达 07-342-9963 ★★★★

漫步在城市光廊，可以感受到这里用不同的色彩构筑出的一个绚丽多姿的世界。这里的广场上的装饰物、走道上的砖石、如绒毯般的草坪和碧波荡漾的池水，交相辉映，令人眼花缭乱。这里的不同物品都经过了艺术家的巧妙改造，使之更具有变幻莫测的视觉效果。

06 六合夜市

高雄最著名的夜市

位于高雄火车站附近的六合夜市是这里最为热闹的夜市，每到夜晚开市之时就会人潮涌动，叫卖声、讨价还价声不绝于耳。走在街道上能够感受到空气中弥漫着的食物香味，无论是海鲜水产还是水果冷饮，又或者是煎炸烹煮出来的熟食都有着非同一般的美味，这些来自台湾不同地区的美食吸引了当地众多的居民前来品尝。

TIPS

台湾省高雄市中山一路至自立二路之间 搭乘1、2、12、100路等公共汽车于大圆环站下

07 高雄之眼 赏

感受浪漫爱情的地方

TIPS

台湾省高雄市前镇区中华五路789号 乘高铁凯旋站3号出口出站后换乘免费班车 07-970-3888 150新台币 ★★★★

高雄之眼是全台湾最早也是最大的海景摩天轮，它也是情侣们约会的首选地之一。乘坐这个高达102.5米的摩天轮既能看到高雄繁华的市区风光，也能遥望远处的寿山风景，更能看到那波澜壮阔的海洋景色。到了夜间这个摩天轮上的霓虹灯就会闪烁起来，成为全高雄最具有视觉效果的景观，无数情侣都会选择在此时乘坐摩天轮观看夜景。

08 三凤宫

高雄人气最为旺盛的寺庙

历史悠久的三凤宫有着恢弘的气势，黑色的正门上刻绘着怒目圆睁、神情威武的门神，亭台楼阁上的各处雕纹也十分精美。寺内的正殿里供奉的是哪吒三太子，有趣的是这座木质佛像一反通常神像那或威严或肃穆的呆板形象，将属于儿童的灵动和天真活灵活现地展现出来。这座颇具人性化色彩的神像，是当地民众寄托平安幸福愿望的地方，故而香火十分旺盛。

TIPS

台湾省高雄市三民区河北二路134号 乘公共汽车0西、0北、0左、28、33路于三民市场站下 07-287185 ★★★★

09 高雄市历史博物馆 赏

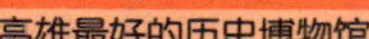

高雄最好的历史博物馆

古朴典雅的高雄市历史博物馆原本是该市的市政府大楼，后被辟为一座介绍高雄历史的展馆。这个展馆因为展品众多，但可供展览的空间有限的缘故，每半年就会更换一次展览主题，这样能让人们更好地了解高雄的历史。这个展馆本身就是一个时代的见证，里面的展品更是经过精心挑选、极具代表性的文物。

TIPS

台湾省高雄市盐埕区中正四路272号 乘公共汽车0南、0北、2、11、14、56、60、88、248路等，于历史博物馆或盐埕圆环站下车 07-531-2560 ★★★★

10 三凤中街

高雄最热闹的商业街

台湾省高雄市三民区三凤中街 乘坐93路公共汽车在三凤中街站下车即可到达 ★★★★

三凤中街是一条极为繁华的商业街，这里店铺林立，多以经营各种中药材、干货和食品为主，许多店铺都是很有年头的老字号。漫步在大街上能够听到不绝于耳的讨价还价声，充满生活的气息，游客们可在此选购自己需要的物品。

11 刘家小馆

吃

高雄最好的饭馆之一

拥有近半个世纪历史的刘家小馆是高雄著名的饭馆之一。来这里的食客们可以品尝到原汁原味的川菜佳肴，体会那独特的麻辣感觉。当然这里还有其他菜系的名品，如著名的“走马桂花鸭”就是客家菜中的佼佼者，也是这里的招牌菜。

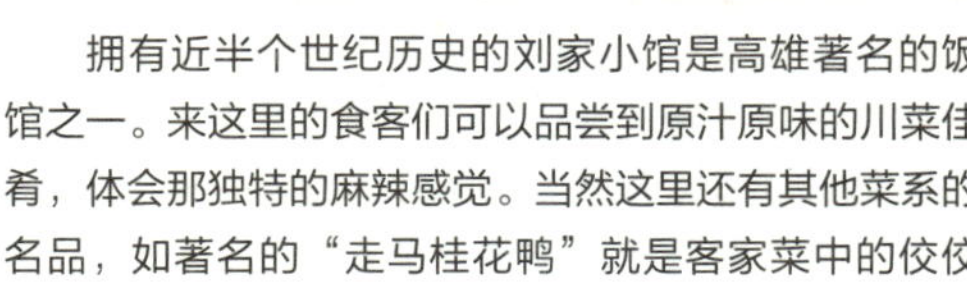

TIPS

台湾省高雄市富民路191号 乘坐38、245路公共汽车在富民路站下车 07-558-6085 ★★★★

12 高雄孔庙

赏

台湾最大的孔庙

TIPS

台湾省高雄市左营区莲潭路400号 高雄火车站乘往莲池潭方向的市公共汽车，于莲池潭风景区下车 07-585-9999 ★★★★

高雄孔庙是仿造曲阜孔庙而建的，雄伟壮观，庄严肃穆，也是台湾岛上最大的孔庙，终年香火不断，每年的农历九月二十八日还会举行盛大的祭孔典礼。这里殿堂楼阁都是雕梁画栋的古朴建筑，它们沿用了唐宋时代的布局，整体风格又有着明清时代的特征。大殿前方的广场有一座拱桥，那里雕刻有记录孔子事迹的浮雕，非常值得一看。

13 中正文化中心

高雄最好的艺术表演中心

在高雄看艺术表演，一定要到中正文化中心，那里是该地区最大最好的综合性艺术表演中心。具有中国古典建筑风范的音乐厅是欣赏各种音乐会的好地方。那里设施先进，听众会被这天籁之音感染。至德堂和至善厅都是举行各种大型晚会和表演活动的地方，高雄的各种集会也常在这里举行。中正文化中心的户外广场是附近居民休闲放松的地方。

TIPS

台湾省高雄市苓雅区五福一路67号 乘捷运新店线、中和线和小南门线的交会点，在中正纪念堂站5号出口出站 07-222-5136 ★★★★

14 玫瑰圣母院

台湾最早的欧式宗教建筑

玫瑰圣母院是一座建于清朝晚期的基督教教堂，其主体建筑风格混合了哥特式与罗马式建筑的精髓，既有宏伟雄壮的气势也有华美异常的装饰物，被誉为台湾最具建筑艺术色彩的教堂。这座教堂的主色调为黑、灰、蓝三色，走入大厅内部可以感受到渲染出来的空灵氛围，而墙壁上的花窗则有着绚丽多姿的色彩。

TIPS

台湾省高雄市前金区五福三路151号 乘公共汽车0南、2、11、33、50路至高雄女中站下车 07-282-3860 ★★★★

15 堀江商店街

拥有古老历史的商业街

堀江商店街曾是高雄最为繁华的商业街，现在虽然盛况不再，但仍以价廉物美的独特品质吸引着当地居民和外地游客。这里出售的商品五花八门，种类繁多，许多都是海外进口的，想要在这里淘宝的游客，需要有一双火眼金睛才能防止上当受骗。漫步在堀江商店街能够感受到高雄纯正的市井气息，这在越来越同质化的大都市中是较为少见的。

TIPS

台湾省高雄市盐埕区五福四路 乘坐24、33、8001、8015路公共汽车在五福四路站下车 ★★★★

16 原宿玉竹商圈

高雄年轻人淘宝的好地方

逛

TIPS

台湾省高雄市新兴区玉竹一街、二街，五福二路与中山路口之间 乘坐12、15、24、52、69、72、92、100、218、8015、8017、8043路公共汽车在中央公园站下车 ★★★★

原宿玉竹商圈针对的人群是年轻人及学生群体，这里出售的商品以价格低廉而著称，但是要想选购合适的物品，却非得拥有一双慧眼不可。来到这里可以看到四处洋溢着的青春气息，商店内出售的各种饰品、手工艺品都有着自己的独到之处。原宿玉竹商圈还是购买各种海外物品的地方，无论是原版书籍、CD还是模型等器具都应有尽有。

17 高雄忠烈祠

见证历史的地方

高雄忠烈祠是纪念在辛亥革命、抗日战争等时期牺牲的国民革命烈士的地方，那里本是日据时期的神社，台湾光复后又改为现在的布局。高雄忠烈祠是一座传统的宫殿式建筑，有着古朴典雅的风格，四周种植着松柏等常青树，环境清幽，庄严肃穆。走入殿堂内部可以看到供奉着的众多神位，以及介绍他们事迹的资料。

TIPS

台湾省高雄市鼓山区忠义路30号 乘1、2、60、88路高公共汽车至盐埕圆环，转搭219路至元亨寺；节假日期间于火车站前可搭乘56路直达 07-533-3333 ★★★★

18 高雄港

赏

台湾最大的港口

高雄港是台湾最为繁华的港口，来到这里的人们可以看到独特的海滨风光，并为这里的壮丽景色所吸引。这里最吸引人目光的是那不停进出于港口的船队，它们比划破天际的海鸟更能成为这里的代表性景色。高雄港的两座灯塔也是颇有特色的景点，它们的外形酷似汉字“高”，是这里的一大名景。当然，来到港区的游人们还能乘坐游艇，感受独特的海港风情。

TIPS

台湾省高雄市 乘248路公共汽车鼓山渡轮站下车即可到达；或者乘2、88、248路于新乐街口、大勇路口、公园路口等站下车 07-235-4999 ★★★★

19 红毛港 赏

品尝海鲜的好地方

红毛港是高雄市郊保存古老风光最好的地方，相传这里是荷兰殖民者最早登陆的地方，故此得名。现在来到红毛港的游客大都是冲着这里价廉物美的天然海鲜而来的，无论煎炸炒烹出的热食，还是凉拌出来的冷餐都是极有诱惑力的食品，令人恨不得立刻就大快朵颐一番。当然来到这里也还能欣赏周遭淳朴的渔村风情，这是别处难见的。

TIPS

台湾省高雄市小港区外海路　乘公共汽车63、78路由盐埕圆环站(中正路站牌)出发至红毛港轮渡站下车　07-281-1513　★★★★

20 寿山公园 玩

高雄最好的山林公园

寿山公园是高雄市最好的山林景区，是来高雄游玩必去不可的地方，已经成为这里的象征之一。这里拥有俊秀的山林景色，层层叠叠的林海中会有几块嶙峋的怪石偶露峥嵘，猕猴则在其间上蹿下跳。沿着蜿蜒的山道前行，可以前往动物园、千光寺、法兴寺、元亨寺等诸多观光点。寿山山顶是高雄的制高点，在那里能看到高雄繁华的都市风光。

TIPS

台湾省高雄市鼓山区万寿路350号　乘1、2、60、88路公共汽车至盐埕圆环站，转搭219路至元亨寺；节假日期间于火车站前可搭乘56路直达　07-521-5187、07-551-1443　20新台币　★★★★

21 旗后天后宫

高雄最具传统色彩的妈祖庙

古朴典雅的旗后天后宫是祭祀海神妈祖娘娘的地方，它气势恢弘，是一组保存完好的闽南式庙宇建筑群，极具观赏价值。正殿是这里的核心景点，木质的妈祖神像位于殿堂的正中，四周则是根据各种神话传说所绘的壁画。妈祖女神是保佑航海安全的神灵，因而这里的烛台四季长明，香火不断。

台湾省高雄市旗津区庙前路86号 乘公共汽车1、248路，于鼓山渡轮站改搭轮渡至旗津站下；乘2、36路公共汽车于前镇站下，再转搭35路公共汽车于旗津站下 07-372-4991 ★★★★

22 驳二艺术特区

高雄的现代艺术殿堂

驳二艺术特区是高雄的现代艺术家们会聚的地方，他们在这里尽情地创作和展示各种极具后现代主义色彩的作品。来到这里可以看到多种多样的艺术形式，许多极为前卫的表现手法，令人咋舌，而独特的行为表演艺术会让人驻足观看。驳二艺术特区内还经常举行各种艺术展览，其中包括画展、雕塑展和服饰展览，当然也少不了充满动感与活力的演唱会。

台湾高雄市盐埕区大勇路1号 乘公共汽车2、88、248路于大勇路口站下车 07-521-4899 ★★★★

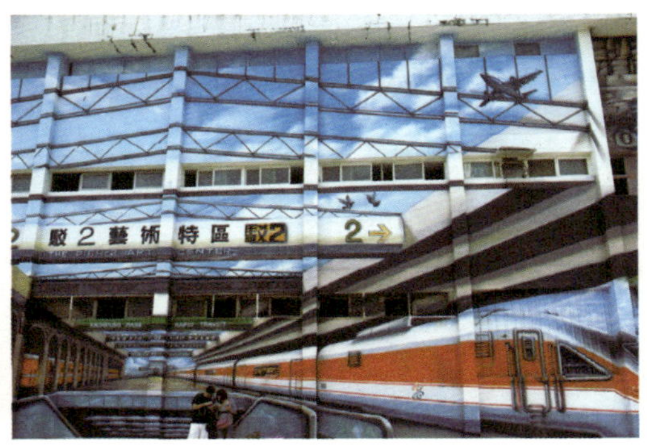

23 新滨码头

高雄新兴的文化艺术区

新滨码头是高雄近年来一个新兴的艺术文化景区，这里是以各种前卫、大胆的作品而出名的。来到园区内可以看到反映青年人无拘无束思想的街头涂鸦，也有反映当下社会热点问题的作品。新滨码头还会经常举办各种展览活动，展出的大都是极具个人色彩的先锋主义作品，颇具观赏价值。

TIPS

台湾省高雄市盐埕区蓬莱路 搭乘市公共汽车1、31、50、248橘线于新滨码头下车 07-533-2041 ★★★★

24 高雄巨蛋

高雄最好的体育馆

台湾省高雄市左营区博爱二路777号 07-552-6802 ★★★★

能容纳15000人的高雄巨蛋，是一个综合性的体育运动场馆。这个场馆具有流线型的造型，独特的大门又让这里具备绿色环保的理念，而且该馆的顶部铺砌的都是太阳能电池板，不但可以满足馆内的使用需要，还能在空闲时往外界输送电力。高雄巨蛋的附属场馆众多，既有适合孩子们的儿童乐园，也有篮球场、自行车赛场等设施。

25 高字塔艺术文化园区

高雄人填补心灵空缺的地方

TIPS

台湾省高雄市小港区海汕五路229-2号 乘63路公共汽车至红毛港渡轮站下车 07-552-2252 ★★★★

居住在繁华都市中的现代人，常因为繁忙的工作而感到心灵上的空缺，高字塔艺术文化园区则是让人的心灵得到宁静的地方。这里共有五个景区，每一处都代表一种心灵上的抚慰，在心诗墙上无拘无束地写出各种语句，是人们发泄情感的最佳方式。来这里还能到海洋之星广场观看各种文化艺术表演，也能到展览馆内了解高雄港不为人知的历史。

26 澄清湖

高雄第一湖

TIPS

台湾省高雄市鸟松乡鸟松村大埤路32号 搭乘公共汽车17、60、70路或高雄客运在澄清湖站下车 07-732-5741、07-380-0821 100新台币 ★★★★

澄清湖畔水域宽阔，景色优美，是高雄地区的第一大湖，也是著名的旅游景区。这里的景观众多，蜿蜒曲折的九曲桥就是其中之一，它和造型独特的鹊桥、悬挂于空中的吊桥并称为澄清湖三桥。观赏澄清湖的美景拥有多种选择，既可以在自由亭和更上台附近与湖面做亲密接触，也能攀爬至中兴塔顶俯瞰这里的水域风光。

27 莲池潭

莲花盛开的地方

莲池潭是人们欣赏莲花美景的地方，这里碧波荡漾，翠绿色的荷叶中绽放着一朵朵洁白的莲花。来到这里还能前往附近的诸多庙堂，去欣赏那些古朴典雅的宗教文化建筑。北极玄天上帝庙是这里的一大亮点，寺内供奉的神像是罕见的水上神像。高大的春秋阁内供奉着武圣关羽，他的神情威严，已经成了莲池潭的象征。

TIPS

台湾省高雄市左营区翠华路1435号 搭乘5、18路公共汽车于左营农会站下车 07-588-3242 50新台币 ★★★★

28 西子湾风景区 玩

高雄的标志性景点

TIPS

台湾省高雄市鼓山区莲海路51号 乘2、60、88路至盐埕圆环站后换乘99路于西子湾下车 07-525-6271 10新台币 ★★★★

西子湾景区风光优美，是欣赏各种海滨景色的好地方，现在已成为高雄海岸风光的象征。这里的海浪、沙滩、阳光、仙人掌等自然景观都令人赞叹不已。湛蓝色的海面上掠过一只只上下翻飞的海鸟，它们与长长的防波堤上漫步着的行人共同构成了一幅令人沉醉的风景画。著名的中山大学也在景区内，它给西子湾带来了更多的青春活力。

30 旗津风车公园 玩

独特的风力发电机公园

旗津风车公园是因为园区内那七座巨大的风力发电机而得名的，这里同时也是观赏海洋风光的好地方。来到这里的人们可以在枫叶的呜呜声中漫步，这种独特感觉是别处所没有的。公园内的景点众多，既有让年轻人尽情发挥的热舞公园，也有适合休闲放松的柔软草坪区，当然这里还是骑自行车赏景和放风筝的好地方。

TIPS

台湾省高雄市旗津区 乘公共汽车1、248路，于鼓山渡轮站改搭渡轮至旗津站下 ★★★★

29 打狗英国领事馆 赏

台湾最早的西方近代建筑

建于清朝晚期的打狗英国领事馆是一栋华美的巴洛克式建筑，它又有不少东方建筑的色彩，那独特的竹节落水就是其中之一。该建筑的栏杆、廊柱上的雕刻极为精美，是难得的艺术佳作。打狗英国领事馆现在被辟为高雄史迹博物馆，人们在这里可以详细了解到高雄几百年来的发展历史，里面还有许多珍贵的实物和图片。

TIPS

台湾省高雄市鼓山区莲海路20号 乘99路公共汽车中山大学站下车 07-525-0007 ★★★★

31 哈玛星黑旗鱼丸大王 吃

风味独特的小吃

拥有近半个世纪历史的哈玛星黑旗鱼丸大王是一家周边地区尽人皆知的小吃店，口碑极好。这里的招牌小吃是采用新鲜的上等黑旗鱼中段背肉制成的鱼丸，口感滑嫩，味道极佳，品尝过的食客们都对此赞不绝口。当然来到这里的老饕们还能吃到其他风味佳肴，其中包括鸡肉丝饭、猪脚饭、卤蛋、油豆腐等小吃。

TIPS

台湾省高雄市鼓波街27-7号 在高雄车站搭乘248路公共汽车在鼓山渡轮站下车 07-521-0948 ★★★★

32 垦丁公园

台湾最好的海滨风景区之一

风景优美的垦丁公园是台湾最著名的旅游度假区之一，来到这里不但能看到变幻多姿的自然风光，还能玩到各式各样的娱乐设施。这里气候温暖，十分适合户外运动，尤其是在柔和的阳光的照射下，在柔软的沙滩上享受日光浴真是惬意无比。漫步在随风摇动的椰子树下，遥望那一望无际的大海，会为这海天一色的壮丽景象所震撼。

TIPS

台湾省屏东县恒春镇垦丁路596号 乘坐西部纵贯线铁路在高雄站换乘客运公共汽车专线 08-886-1321 150新台币 ★★★★

看点01 船帆石 酷似船帆的巨石

船帆石是垦丁公园的一处名景，因其形态酷似中国古代船只的方形风帆而得名。来到垦丁公园的人们大都会到这里合影留念，因为和这种奇异的巨石亲密接触的机会并不是很多，在海边的就更为少见了。

看点02 垦丁森林游乐区 独特的森林风光

垦丁森林游乐区是以独特的森林风光而著称的，来到这里游玩的人们可以感受到大自然的变幻与神奇。园区内空气清新，是一个放松身心的好地方，同时还能享受尽情奔跑和野炊的乐趣。

看点03 鹅銮鼻灯塔 三海相接的奇景

鹅銮鼻灯塔所在的地方，是太平洋、台湾海峡、巴士海峡三处海域交汇的地方，因而也具有了罕见的壮丽景观。海水根据海域的不同会折射出不同的颜色，这里是三海相接处，因而呈现出独特的绿、蓝、深蓝三色叠加的美景。

看点04 龙磐公园 一览辽阔的太平洋

风景独特的龙磐公园是垦丁地区的一处名景，这里是一片平整的石灰岩台地，上面杂草丛生，灌木林立，有着独特的荒凉景观。来到这里向前可以俯瞰浩瀚的太平洋，退后则是辽阔的大草原，此情此景令人赞叹不已。

看点05 海洋生物博物馆 建在水下的博物馆

海洋生物博物馆是介绍各种海洋生物的地方，是一个极具科普色彩的展馆。来到这里的人们可以详细了解到海洋生物的独特习性，还能看到它们那光怪陆离的生活方式。而且这个博物馆还是建造于水下的，极为特殊。

看点06 南湾 海边娱乐休闲

南湾是一处可让游人们尽情地参与各种体育娱乐活动的地方。这里的沙滩柔软，适合举行沙滩足球、沙滩排球等运动。南湾海水清澈透明，海浪平缓，是游泳、滑车、潜水的绝佳地点。

看点07 白沙湾 垦丁最知名的景点

白沙湾是垦丁风景区最有名气的景点之一，这里是以洁白如玉的沙滩著称的。来到这里的人们除了可以享受到通常沙滩风景区的诸多乐趣外，还能在这白色的沙滩上拍照留念，这种景色可是不多见的。

TAIWAN GUIDE

Tai Wan

畅游台湾

19

台湾其他

01 花莲南滨观光夜市

吃喝玩乐均可的夜市

TIPS

台湾省花莲县南滨公园 自花莲火车站步行至南滨公园，大约20分钟可到 ★★★★

花莲南滨观光夜市位于南滨公园内，这里到处都是小桥流水，亭台楼阁。到了晚上，各种小吃和纪念品摊位遍布其间，兼具了吃、喝、玩、乐四大特点。廉价的牛排、蚵仔煎、火锅、花生卷冰淇淋等美味小吃让人能吃饱喝足，射箭、射飞镖、套圈圈、捞金鱼等活动更是能让人乐不思蜀。

02 阿美文化村

赏

展现阿美人的传统文化

阿美文化村是向游人介绍阿美族生活习俗的著名观光地。村子特地用围墙和外界隔离开来，里面一座座竹舍一字排开，散发着浓郁的少数民族气息。在文化村中央有一座高22米的神像，这是村民的信仰中心，也是村子的标志之一。村里陈列着阿美族日常所用的用品、工具等物，人们还能在这里买到各种做工精美的纪念品。

台湾省花莲县吉安乡仁安村海滨93-1号 03-842-2734 200新台币 ★★★★

03 花莲铁路公园

体验窄轨铁路时代

花莲铁路公园就位于花莲火车站附近，在这座不大的公园里陈列着当时花东线窄轨铁路时期的旧火车。游人可以登上这些老式火车体验一下，那木质的座椅、车顶昏暗的灯泡，都仿佛将人带进了数十年前的时代，让铁路爱好者们好好地怀旧一番。

TIPS

台湾省花莲县火车站 花莲火车站出站即可到达 ★★★★

04 太鲁阁

台湾最大的自然公园

太鲁阁公园横跨花莲、台中、南投三县，是台湾最大的自然公园之一。公园里保留了很多冰河时期的地形地貌和生物化石，以高耸的山峰和险峻的峡谷而闻名。这里原始森林植被保存完好，有数百种独特的动植物，各种千奇百怪的珍稀动植物也是公园里的一大景观。

TIPS

台湾省花莲县秀林乡富世村富世291号 乘花莲客运开往天祥、洛韶、梨山的巴士 03-862-1100 ★★★★

看点01 绿水步道 老少咸宜的观景步道

绿水是立雾溪流域中众多的河谷之一，原是合欢越岭道的一部分，后来被开辟成为步行道。这条步道宽约2米，全线路程平缓。这里还是太鲁阁人陀优恩部落的聚居地，能看到这些少数民族生活的痕迹。

看点02 九曲洞 崎岖神奇的隧道

九曲洞是中横公路沿途的一大奇观，此处洞窟多弯而崎岖难行，而且山上常有飞石落下，所以需加倍小心。这里处处有山洞，步步是断崖，在暴雨过后还会形成无数“时雨瀑”，大自然鬼斧神工的威力在此尽显无遗。

看点03 太鲁阁峡谷 鬼斧神工的大理石峡谷

太鲁阁峡谷是太鲁阁公园内变化最多也最壮美的景色。大自然的鬼斧神工将这里的群山一座座劈开，形成了陡峭狭窄的山壁。特别是立雾溪河谷，两岸的山岩全都由大理石构成，山壁光滑如镜，人称大理石峡谷。

看点04 清水断崖 大海边的险峻断崖

清水断崖位于立雾溪口到大清水溪口之间的苏花公路上。这里濒临大海，一路上全是险峻的悬崖峭壁，整条公路都仿佛成了一条空中走廊一般。层层叠叠的悬崖和峭壁紧密相连，形成了令人叹为观止的浩瀚美景。

看点05 长春祠 欣赏长春飞瀑的美景

长春祠位于太鲁阁峡谷入口不远处，这座唐朝风格的建筑依借山势立断崖之下，门前还有一股清泉流出，形成“长春飞瀑”的胜景。这里是中横公路最为险要的一段，当时在修建时有200余名员工不幸以身殉职，在长春祠内就供奉着这些工人的灵位，常有游人到此向他们致意。

看点06 天祥 太鲁阁景色的精华

天祥位于太鲁阁峡谷的西端，大沙溪和立雾溪在这里交汇，这是一处开阔的河阶台地。这里风景优美，两侧山壁高耸，大理石巨岩林立，景色之壮阔令人惊叹，是太鲁阁景色最为精华的一段。这里四处还贴心地设有解说牌、服务站等便民设施，游人可以在这里毫无障碍地遍览风光。

看点07 酋长岩 状似印第安人的怪岩

从靳珩公园的观景平台向立雾溪对岸望去，就能看到一块巨大的大理石岩石。仔细观察这块巨岩，就能发现这块石头有鼻子有嘴巴，上面还生长着一些绿色植物，形状很像一个戴着羽冠的印第安酋长。

看点08 文山温泉 太鲁阁唯一的野溪温泉

文山温泉位于天祥观光区附近，是太鲁阁公园中唯一的野溪温泉。这处温泉水质清澈，有着浓郁的硫黄味，在泉眼处还能看到硫黄沉积。温泉的水温常年保持在43℃左右，对人体的多种疾病都有很好的疗效。

看点09 祥德寺 台湾的九华山

祥德寺位于天祥风景区，面朝立雾溪而建。四周群山环抱，好似九朵莲花将其笼罩，因此也有“台湾的九华山”之称。寺内供奉着一座世界上最高的地藏菩萨像，这座像高12米，浑身贴金，很是壮观。

05 台东小野柳

玩

遍布怪石的海滩

台湾省台东县富港 鼎东客运小野柳站下 

台东小野柳位于东海岸风景区的最南端，这里实际上是一片怪石嶙峋的海滩，根本不见树影，更别说柳树了。但是海岸上一块块矗立的石头状似野柳，因而得名。这里的岩石形状多变，种类繁多，有蜂巢状的蜂窝岩、崛起好似蘑菇的蕈状岩、一块块分开的豆腐岩等，如此特色鲜明，让人感叹大自然的杰作。

06 三仙台

珊瑚礁形成的离岛

三仙台位于台东成功镇，是一处由海边的珊瑚礁海岸和离岛构成的特殊景观。这里有三座山峰，传说八仙中的铁拐李、吕洞宾和何仙姑曾经在这里休息，故称三仙台。小岛通过一座8拱步桥和陆地连接，岛上主要由火山岩构成，经过大海的侵蚀逐渐形成了多变古怪的地貌，既能看到热带鱼在岩石之间穿梭，也能远望夕阳西下。

台湾省台东县成功镇 乘花莲客运或鼎东客运巴士在三仙台站下 089-851-004 ★★★★

07 台东天后宫 

台东主要的妈祖庙

TIPS

台湾省台东县中华路一段222号 从台东火车站步行至中华路，大约15分钟即可到达 089-325-178 ★★★★

台东天后宫位于台东县内，俗称台东妈祖庙。这里主要有牌楼、金亭、正殿等主要建筑，其中正殿为双檐歇山式造型，檐间悬挂着“天后宫”的金匾。殿内正中供奉着木雕妈祖像，妈祖珠冠绣袍，神情慈祥。左右分别为注生娘娘、城隍和福德正神，也均是金身彩绘，精美非凡。

08 宜兰昭应宫 

宜兰最著名的妈祖庙

宜兰昭应宫位于宜兰古城的中心，和其他庙宇不同，据说由于风水的关系这座庙是坐东朝西而建，和普通的寺庙恰好相反。昭应宫现存三川殿和正殿等清朝建筑，正殿里主要奉祀着妈祖神像，保佑出海打鱼人的安全。而三川殿里供奉着清朝三位开拓宜兰的功臣塑像。这些建筑大多附以精美的石雕和木雕，很具艺术价值。

TIPS

台湾省宜兰市中山路106号 从宜兰火车站前沿光复路、中山路步行即达 03-935-3536 ★★★★

09 东门观光夜市 

宜兰最大的夜市

宜兰的东门观光夜市在台湾也算是一处规模数一数二的夜市。自下午四五点开始，宜兰的东港陆桥附近就开始热闹起来。夜幕低垂后，各种闪亮的招牌就将这里映照得好似白昼一般。各色小吃摊并排排开，客人们简单的招呼声和讨价还价声不绝于耳，充满了台湾人特有的文化与活力。

TIPS

台湾省宜兰县圣后街陆桥下 自台湾省宜兰火车站步行至陆桥，大约5分钟即可到达 ★★★★

10 草岭古道 

充满古迹的古道

草岭古道是一条连接台北县贡寮乡与宜兰县头城镇的步道。古道长约8.5公里，三面环海一面临山，路两侧生长着繁茂的芒草，草岭之名由此而来。古道沿途古迹众多，有雄镇蛮烟碑、虎字碑、大里天公庙、大里客栈等重要遗迹。途中还设有凉亭和厕所，可以为中途有需要的客人提供方便。

TIPS

台湾省宜兰县贡寮乡双玉村 在台北乘开往罗东、宜兰方向的国光客运在福隆站下 03-978-0727 ★★★★

11 龟山岛

形如巨龟的小岛

龟山岛位于宜兰东部的外海，岛上有两座山峰，远远望去好像一只昂首翘尾的乌龟。每当太阳升起，小岛宛如巨龟朝日，非常漂亮。岛上有活火山，至今依然在往外喷着硫黄烟气。这里的动植物资源也是相当丰富。游人可以在此乘坐赏鲸船出海，在环岛观景的同时，可以看到生活在海中的鲸群和船同游，与人们一争高下。

TIPS

台湾省宜兰县龟山岛　乘宜兰县铁路或者巴士到达石城、乌石港、苏澳、南方澳等港口坐船　03-978-2511-404　★★★★

12 南天宫

拥有纯金的妈祖像

位于宜兰县苏澳镇的南天宫被誉为台湾东岸香火最盛的妈祖庙，是一座金碧辉煌的闽南传统建筑风格的宫殿式建筑。这里最具盛名的就是一尊通体用200公斤纯金打造的金身妈祖像，在金妈祖像周围还有5尊湄洲妈祖像。此外这里还供奉着玉皇大帝、观音菩萨、武圣关帝、文昌帝君等各路天神，是宜兰民众的信仰中心。

台湾省宜兰县苏澳镇南正里江夏路17号　乘台北往花莲的大有巴士　03-996-2726　★★★★

13 苏澳冷泉公园 玩

对健康有益的冷泉

苏澳冷泉公园位于宜兰县苏澳镇的冷泉路上。走进公园，就觉得一阵凉意袭来，原来园中有一冷泉。进入泉水中浸泡，先是觉得浑身寒意，过不了5分钟就感觉一股暖流逐渐遍布全身，舒畅无比。据说多泡这里的泉水对皮肤病、胃病、肝病等都有疗效。而当地人也利用泉水制作了不少糕点等特产，很受台湾和外来游客的欢迎。

台湾省宜兰县苏澳镇冷泉路6-4号 乘台北往花莲的大有巴士在苏澳镇下 03-996-0645 ★★★★

14 新竹迎曦门 赏

新竹现存唯一的古城遗迹

迎曦门是新竹古城的东城门，也是现存唯一的古城遗迹。门楼是重檐歇山式造型，下面开有拱形门洞，门洞由泉州白石砌成。城门外就是护城河，至今依然生机勃勃，河里各种鱼儿悠闲畅游，河边竹林密布，绿意盎然。迎曦门旁的东门街也是一处热闹的夜市，每到夜间都有不少诱人的小吃摊。

台湾省新竹市东区东门街 在新竹火车站沿中正路步行5分钟即可到达 03-531-9756 ★★★★

15 北门街

新竹最繁华的商业街

TIPS

台湾省新竹市北门街 乘新竹客运5、10、11、20、23、28路在城隍庙站下 03-522-3666 ★★★★

北门街是新竹最繁华热闹的一条商业街，街上鳞次栉比的红砖洋房述说了这里悠久的历史。沿途的长和宫、郑氏家庙、进士第、水仙宫都是知名的古迹。在这条街上经营的店家也大多都是老铺。风味独特的北门炸、南粉和贡丸是这里最知名的特色小吃，而杏仁茶、红豆汤、花生汤等甜品也是令人爱不释口。

16 新竹城隍庙

最为人追捧的城隍庙

在台湾人的心里新竹城隍庙和北港妈祖庙不分上下，有“新竹城隍爷，北港妈祖婆”之称。新竹城隍庙是台澎金马地区规模最大的城隍庙。庙宇结构气势恢弘，正殿中除了供奉城隍的塑像外，还有其夫人和子嗣以及众多部下的塑像陪祀。每年这里都会举行城隍巡游，跟随的信众绵延数里之远。

TIPS

台湾省新竹市中山路75号 乘新竹客运5、10、11、20、23、28路在城隍庙站下 03-522-3666 ★★★★

17 北埔慈天宫

新竹地区的信仰中心

台湾省新竹县北埔镇 乘新竹客运在北埔站下 03-580-1850 ★★★★

位于新竹北埔的慈天宫始建于清道光年间，以祭祀天上圣母和观音菩萨为主，是北埔乡民们重要的信仰中心。慈天宫自建成至今屡有扩建，从最初的观音庙直到现在发展成了合祀众多神灵的大庙宇。每年这里都会举行盛大的庙会，吸引了很多本地香客与八方游客。

18 北埔冷泉

台湾的两处冷泉之一

北埔冷泉位于新竹北埔的大坪溪上游，和苏澳冷泉一起并称为台湾仅有的两处冷泉。这里泉水清澈而呈浅黄色，带有淡淡的咸味，可以直接饮用，有点类似平常的盐汽水。泉水中还含有少量的硫黄，是非常罕见的硫黄、碳酸盐共生泉。

TIPS

台湾省新竹县北埔镇外坪村大坪溪谷 乘新竹客运在北埔站下 03-580-1850 ★★★★

19 司马库斯部落

赏

相对封闭的少数民族部落

司马库斯部落是位于新竹县尖石乡的一个泰雅人部落。这里早期交通不便，因此相对封闭，也在一定程度上保留了这里的原始风貌。在这里有两棵巨大的红桧木，周长都在20米左右，被当地人视为神木。这里自然风光出奇的美，无论是清澈的塔克金溪还是巨树丛生的巨木区都是值得一看的胜地。

台湾省新竹县尖石乡 在竹东或者新竹包车前往，需办理入山证 0928-804-983 ★★★★

20 大霸尖山 

山势奇险的圣山

TIPS

台湾省新竹县尖石乡 乘新竹客运往竹东、五峰、清泉等地的巴士 03-588-8647 ★★★★

位于新竹县与苗栗县交界处的大霸尖山是台湾百岳名山之一，它的形状宛如一个拔地而起的大圆柱，四周都是极为陡峭的悬崖，也被人称作“酒桶山”。山形雄浑有气魄，向来为人们所尊崇，当地的少数民族泰雅人和赛夏人更是将大霸尖山看作其祖先发祥的圣山，一直对它顶礼膜拜。

21 六福村主题公园 

新竹著名的主题公园

TIPS

台湾省新竹县关西镇仁安里拱子沟60号 乘新竹客运到六福村站下 03-547-5665 890新台币 ★★★★

位于新竹县关西镇的六福村主题公园是由美国知名的设计公司所设计。以中央魔术喷泉广场为中心，四周分布着四个主题园区，分别为美国大西部、南太平洋、阿拉伯皇宫、非洲部落等，还引入了稀有的白老虎等珍稀动物，让人大开眼界。

22 澎湖沙港 

古朴的渔港风光

TIPS

台湾省湖西乡沙港 从马公巴士总站搭乘开往沙港的巴士 06-992-1731 ★★★★

沙港是澎湖地区保持旧时风情最为完好的地方，来到这里的人们会被这里的古老氛围打动。在这一地区最出名的景点是活泼的海豚，这种海洋生物是人类的好朋友，它们在风浪中时隐时现，丝毫不介意人们的目光和各种摄影器材的拍照。如果运气足够好的话，你还能与海豚亲密接触。

23 马公天后宫

台湾最古老的建筑

赏

建于元末的马公天后宫是台湾的一级文物古迹，它是祭祀海神妈祖的地方，现存的建筑则是明代万历年间重建的。这是一栋典型的闽南式寺庙建筑，主体风格古朴典雅，又有着威严肃穆的气势，大殿是这里的核心景点，里面有清代康熙皇帝所赐的“神昭海表”匾。

TIPS

台湾省马公市正义街1号 乘任意公共汽车到马公巴士总站下 06-926-2819 ★★★★

24 马公老街

台湾地区最早的商业街

逛

马公老街早在清乾隆年间就开始兴旺发达起来，后随着商业中心的转移而衰落下去。漫步在古街的石板路上，可以看到一家家仿古的店铺，令人追忆起这里旧日的繁华风光。来到店铺内还能选购当地出产的各种手工艺品。

TIPS

台湾省马公市中央街 乘任意公共汽车到马公巴士总站下 ★★★★

25 金门模范街

会聚各个年代建筑的街道

逛

金门模范街的独特之处在于这里的建筑群，它们会聚了中西方不同的建筑风格，堪称一个小型建筑博物馆。这里的房屋样式众多，既有中国传统的闽南式房屋建筑，也有充满日本风情的日式建筑，当然也有维多利亚式的英国建筑和东南亚的竹屋建筑。

TIPS

台湾省金门县金城镇翟光路 从金门机场搭乘出租车到模范街 ★★★★

26 莒光楼 赏

金门的标志性景点

TIPS

台湾省金门县金城镇 从尚义机场搭往金城的3路公共汽车在莒光楼站下车 ★★★★

建于20世纪50年代的莒光楼是一栋三层的仿古建筑，因其曾作为图案在邮票上出现，故成了一个热门的旅游景点。这里也是一个旅游咨询中心，一层内有专门放映金门地区风光及其介绍的地方。来到这里的游客也可以前往附近的金门县观光旅游服务中心查询需要的各种资料。

27 小金门 赏

风景秀丽的小金门岛

小金门是金门地区第二大岛屿，这里与海峡对岸的厦门岛颇为接近。来到这个岛上可以看秀丽的海滨风光，并品尝新鲜的水产美食。在小金门岛上还能买到当地生产的手工艺品作为旅游的纪念，金门菜刀就是其中的佼佼者。

TIPS

台湾省金门县烈屿乡 从金门码头乘船即可到达 ★★★★

28 小琉球 赏

风景秀丽的小岛

小琉球是台湾地区唯一的珊瑚岛，这里远离陆地，拥有独特的海洋风光。这里的珊瑚礁石众多，五彩斑斓的海鱼在这里游荡，岛上还有众多的寺庙，灵山寺、碧云寺都有着自己的独特之处，而在三隆宫举行的王船祭更是岛上规模最为盛大的活动。

TIPS

从东港乘船即可到达小琉球 08-861-2501 ★★★★

索引INDEX

A

B

C

D

E

F

G

W

X

Y

Z

考拉旅行书目，带您乐游全球！

攻略系列！

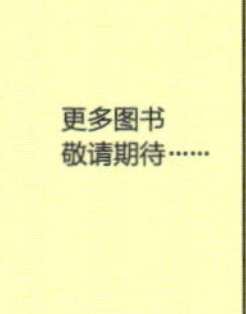

更多图书
敬请期待……

畅游系列！

更多图书
敬请期待……

图书在版编目（CIP）数据

畅游台湾 /《畅游台湾》编辑部编著. --2 版.-- 北京：华夏出版社，2019. 9

ISBN 978-7-5080-9737-4

Ⅰ. ①畅… Ⅱ. ①畅… Ⅲ. ①旅游指南－台湾 Ⅳ. ① K928.958

中国版本图书馆 CIP 数据核字（2019）第 074958 号

畅游台湾

作　　者　《畅游台湾》编辑部

责任编辑　杨小英

责任印制　刘　洋

出版发行　华夏出版社

经　　销　新华书店

印　　装　河北赛文印刷有限公司

版　　次　2019年9月北京第2版　2019年9月北京第1次印刷

开　　本　720×920　1/16开

印　　张　14

字　　数　200 千字

定　　价　58.00 元

华夏出版社　网址：www.hxph.com.cn　地址：北京市东直门外香河园北里4号　邮编：100028

若发现本版图书有印装质量问题，请与我社营销中心联系调换。　电话：（010）64663331（转）